Viktor Astafjew · Ilja Werstakow

Viktor Astafjew

Ilja Werstakow

Eine Kindheit in
Sibirien

PARABEL VERLAG

Vignetten von Uwe Häntsch

»Dieses Buch wurde zur Herausgabe von Juri Korinetz vorgeschlagen und vorbereitet.«

Pschorrstraße 3 · 8133 Feldafing
aus dem Russischen übersetzt von Juri Elperin, Moskau
Titel der Originalausgabe »PEREWAL«, erschienen 1969
im Verlag Sowetskaja Rossija.
2. Auflage

ISBN 3 7898 0959 4
Gesamtherstellung: Karl-Marx-Werk Pößneck V 15/30

Die ferne Siedlung

Hammerschlag im ganzen Land. Rußland befand sich im Aufbau. In einer großen sibirischen Stadt wuchs am Ufer des Jenissej oberhalb einer Eisenbahnbrücke über Nacht ein dürrer Fabrikschlot mit Funkenlöscher in den Himmel und verqualmte die Gegend mit dem beizenden Rauch feuchter Sägespäne.

Der Großbetrieb – obendrein ein holzverarbeitender – brauchte natürlich Holz. Darum zogen Zimmerleute in die Taiga an den Fluß Mara und bauten verschiedenenorts Baracken für die Holzfäller. Zu den Baracken gesellten sich nach und nach feste Blockhäuser – und schließlich wurden Siedlungen daraus.

Eine solche Siedlung entstand an der Mündung des Flüßchens Schipitschicha. Wer das genaue Gründungsdatum hätte erfahren wollen, der hätte das grob ausgesägte Brettchen am Dachgiebel der Baracke aus der Nähe betrachten müssen. Mit glühendem Draht war auf der Latte eine Streitaxt eingebrannt und darunter die Inschrift: »12. VIII. 1929. – Versichert.« Die Weiber von Schipitschicha erklärten einander die Bedeutung des rätselhaften Wortes so: »Da kannst du die Baracke an einer beliebigen Ecke anzünden, Hauptsache, du hast erst die Kinder rausgeholt. Dann laß die Bude getrost abbrennen, der Staat deckt die Unkosten, bis zum Fingerhut . . .«

Vier Blockhäuser auf dem halbeingestürzten Steilufer, in ihrer Mitte die langgestreckte Baracke, durchgebogen wie ein Sattel — das ist die Siedlung Schipitschicha. Etwas abseits, hart an der Mündung des Flüßchens Schipitschicha, steht ein weiteres Häuschen mit vielen Anbauten, dort wohnt der Heger. Aber die von Schipitschicha rechnen das Haus aus bestimmten Gründen nicht zur Siedlung.

Der Heger ist ein reicher Mann. Er hat sogar ein Grammophon, das er zu Silvester und am Ersten Mai anstellt. Um nicht weit nach Beeren laufen zu müssen, hat er die wuchernde Wildnis an der Flußmündung eingezäunt. Innerhalb der Einfriedung gibt's Faulbeersträucher, Wildrosenbüsche, mehrere Birken, ein Weidengestrüpp, sogar eine Weißtanne.

Das Ganze wird Garten genannt, obwohl hier keiner je etwas angepflanzt hat. Zwischen Büschen und Bäumen stehen Bienenkörbe auf Stelzen, und ein Pferd, die Vorderbeine gekoppelt, humpelt mühsam mit scheppernder Glocke herum. In der Siedlung mag man ihn nicht, den geriebenen Heger, und darum gilt er nicht als zugehörig.

Die Siedlung ist nach dem Flüßchen benannt. Warum das Flüßchen so heißt, weiß nicht einmal der Heger. Vielleicht, weil im kleinen Kolk der Flußmündung den ganzen Sommer über ein lockeres weißes Schaumkissen sprudelt und dermaßen zischt, als hielten sich gereizt fauchende Ganter darunter verborgen. Schon möglich, daß der Name von diesen Zischlauten herrührt. Vielleicht heißt das Flüßchen aber darum Schipitschicha, weil an den Berghängen, zwischen denen sich das Flüßchen entlangschlängelt, Schipownik wuchert, dornige Wildrosen. Die sibirischen Gräser und Blumen duften entweder nur schwach oder so stark, daß ihr Duft betäubt.

Blühen die Wildrosen, dann färben sich die grauen

Berge leuchtend, und der Wind wirbelt Wolken bunter Blütenblätter durch die Senken und über allem liegt ein besonderer Geruch – fremd und aufreizend. Ein Duft, daß selbst die Alteingesessenen gerührt schnuppern. Übrigens schnuppern sie nicht nur, sondern sammeln mit beiden Händen die Blätterhaufen ein, die der Wind zwischen die Steine fegt, fischen sie mit Sieben aus dem Wasser, dörren die Blätter und brühen im Winter damit Tee auf.

Die Einwohner von Schipitschicha sind in der Hauptsache Saisonwaldarbeiter. Gegenwärtig ist keiner von ihnen da – es ist Sommer. In der Baracke sind jetzt nur zwei Stuben belegt. In der einen wohnt Timofej Chrapow, der Wächter. Er hat auf das Gerät der Waldarbeiter zu achten: Stricke, Schlitten, Sielengeschirr und das den Sommer über stumme Telefon. Er ist zwar als Wächter eingestellt, aber das Kontor hat ihm vielerlei Verpflichtungen auferlegt: die Schlitten zu reparieren, das Geschirr instand zu halten und auszubessern, die am Ufer trocknenden Stämme zu wenden. Alles ist nicht zu behalten, was das Kontor dem Timofej Chrapow aufgehalst hat. Vielleicht ist das der Grund, daß er meist in der Stube schläft oder am Ufer hockt und auf die Barkasse aus Ust-Mara wartet. Die Barkasse bringt den Lohn aus dem Flößereikontor, Lebensmittel, Wodka, Zeitungen, das Wanderkino und alle möglichen Anordnungen der vorgesetzten Dienststelle.

Wenn die ersehnte Barkasse endlich eingetroffen ist, betrinkt sich Timofej Chrapow. Dann wird er gleich freundlich und fleißig. Spielend wuchtet er die Stämme herum, fuhrwerkt allein wie eine ganze Mannschaft, heizt die Esse in der aus Brettern gezimmerten kleinen Schmiede, biegt die Schlittenkufen zurecht, nietet die Radfelgen, lötet Töpfe und Teekessel. Vor sich hin pfeifend, hantiert er mit funkenstiebenden Eisenbolzen und stampft den Takt mit den Füßen. Für die neugierigen Lausbuben schneidet er grimmige Fratzen und spielt den Kinderschreck. Gewissermaßen so im Vorbeigehen läßt er den Frauen, die ihm ihren Haushaltskram zur Reparatur bringen, die Pratze aufs Hinterteil klatschen. Anstandshalber schimpfen sie ein bißchen, aber nun wissen sie, daß Chrapow in rechter Arbeitslaune ist.

Timofej Chrapow hat einen Sohn, eine Tochter, eine Frau natürlich auch. Wenja, der Sohn, geht in Ust-Mara zur Schule, die Sommerferien verbringt er zu Hause. Das Töchterchen Pascha ist noch klein. Von früh bis spät singt sie vor sich hin, allerdings kann sie erst die Melodie eines einzigen Liedes – »Auf dem Friedhof in Mitrofanowo« –, und alles, was ihr so einfällt, stopft Pascha in diese Melodie wie in einen löchrigen Sack.

Neben den Chrapows wohnt die Familie des Jägers Pawel Werstakow. Zur Familie gehören außer Werstakow, der nur selten daheim ist, Nastasja Werstakowa, ihr Söhnchen Mitja und der Stiefsohn Ilja. Nastasja ist noch jung, aber streitsüchtig und unverträglich wie keine zweite. Sie zankt häufig mit den Nachbarn, borgt bei ihnen gewohnheitsmäßig Salz oder Hefe für den Brotteig und schwört nach jedem Krakeel, ihr mögen die Füße verdorren, wenn sie sie noch einmal über die nachbarliche Schwelle setzt.

Das Leben der entlegenen Waldsiedlung Schipitschicha verläuft im Sommer still und einförmig, und auch im Winter gibt es mehr Sorgen als Fröhlichkeit. An heißen Sommertagen bringt das lahme Gezänk der Weiber etwas Abwechslung, auch die Ankunft der Barkasse aus Ust-Mara, die einmal im Monat hier anlegt. Im Sommer datiert man die Ereignisse von einer Barkassenankunft bis zur nächsten, das ist die hiesige Zeitrechnung.

Zur Heumahd kommen städtische Schnitter auf die Weideninsel, die zwei Kilometer stromabwärts von Schipitschicha liegt, meistens Studenten, und dann geht's lustiger her. Die Dorfkinder sind in dieser Zeit mit keinen zehn Pferden nach Hause zu bringen. Andauernd stecken sie bei den Studenten, mausen in den Gärten Gemüse für sie, helfen beim Heurechen, Schobern und Einbringen. Der Ordnung halber schelten die Weiber auf die Kinder, freuen sich aber insgeheim über den Umgang mit den Städtern, laden diese zum Übernachten ein und stellen tausend Fragen nach dem Stadtleben. Die lärmigen Jungen und Mädchen mit der sonnenverbrannten Haut lassen sich nicht lange bitten, erzählen gern von sich, von der Stadt, darüber, was sich auf der Welt tut, und verstehen sich aufs Tanzen und Singen. Auf die Müdigkeit pfeifen sie. Die aus Schipitschicha lauschen aufmerksam den neuen Liedern. Auch die Nachtvögel hören diese Lieder. An die urewige Taigastille gewöhnt, schweigen sie verschreckt.

Besonders aufmerksam horcht Ilja. Die Melodie erfaßt er schnell, bloß der Text geht ihm schwer ein. Aber Ilja meint, schließlich kommt's im Lied hauptsächlich auf die Melodie an. Und wenn er allein durch den Wald streicht oder auf dem Fluß angelt, dann singt er aus vollem Halse — ohne Worte —, oder er denkt sich eigene aus. Und keiner — weder Ilja selbst noch der Vater, noch die Stiefmutter — ahnt, daß er ein gutes Gehör, eine kräftige Stimme und viel Phantasie hat. Wäre Ilja in der Stadt, würde gewiß jemand auf seine Fähigkeiten aufmerksam werden — aber hier? Um so mehr, als der Junge im Beisein anderer nie richtig den Mund aufmacht, nie aus voller Kehle singt — er hat andere Sorgen.

Aber an den Spätnachmittagen, wenn die Stiefmutter ihn zum Angeln fortläßt, wirbeln dem Jungen die Lieder durch den Kopf. Dann steigt Ilja in den leichten Einbaum aus Espenholz und stakt bis zum Kabarshinfelsen, etwa fünf Werst von Schipitschicha entfernt. Dort läßt er das Boot stromabwärts treiben und wirft beiderseits Angelschnüre an kurzen Ruten aus, auf die Haken spießt er selbstgefertigte Köderfliegen. Das Boot treibt langsam stromab – wendige Äschen stürzen auf die Fliegen. Ilja nimmt die Fische vom Haken und wirft sie ins Heck. Dabei singt er lauthals – und seine Stimme, ungeübt, barbarisch, schneidet in die Taigastille, bohrt sich in die Felsengipfel, von denen das Echo heruntersplittert und in der blauen Ferne allmählich verebbt.

Besonders gern hat Ilja den »Alexanderkerker« und »Mein Vater war ein Ackersmann«.

Die Studenten waren nur kurz da. Nach ihrer Abfahrt verödet Schipitschicha noch mehr – menschenleer und verlassen liegt es in der Taiga. Die Stiefmutter bricht wieder Streit vom Zaun. Sie ist eine Zänkerin ohnegleichen. Die Nachbarin Chrapowa und die anderen Frauen lassen sich gar nicht erst mit ihr ein, ihre gehässige Art kennen sie zur Genüge.

In Nastja scheint's immerfort zu kochen. Sie muß ihre Wut an jemandem auslassen. Sie muß ihren Zorn entladen, einerlei gegen wen, auch gegen den Stiefsohn Ilja.

Ein Kampf mit Blutvergießen

So zettelte Nastja Werstakowa auch heute einen Krach an – langsam und beharrlich. Sie wischte den Fußboden auf, Ilja schaukelte die Wiege. In der Wiege zappelte und strampelte Mitja. Er wollte nicht schlafen und vergnügte sich nach bestem Vermögen. Ein erstaunlich lebenslustiger und unbequemer Geselle, dieser Mitja. Er brachte es fertig, die ganze Nacht nicht zu schlafen und auch die anderen nicht zur Ruhe kommen zu lassen, weil er seine Ansprüche stellte. Mitja hatte listige Augen, Mund und Nase waren immer von Brei oder Beeren verschmiert.

Ilja saß auf der Bank, zerrte an der Schnur, die an der Wiege befestigt war, und warf Mitja grimmige Blicke zu. Ilja wollte ins Freie, wollte herumtollen – aber allem Anschein nach war Mitja durchaus nicht gewillt, sich in absehbarer Zeit zu beruhigen.

Ilja ärgerte sich, murrte und schaute sehnsüchtig zum offenen Fenster hinaus. Draußen waren ein Stückchen der blanken Mara und der Berge jenseits des Flusses zu sehen. Seine Granitflanke zitterte als dunkler Schatten auf dem Wasser. Vom Fluß schallte das Schreien und Kreischen der Kinder herüber. Wie vergnügt die sind, ganz außer Rand und Band! Die sollte man an die Wiege setzen, dann würde ihnen das Lachen bestimmt vergehen. Da krabbeln sie wie die Frösche dicht am Ufer im seichten Wasser, bilden sich ein, große Schwimmer zu sein, und freuen sich noch, die Angeber! Allzugern würde Ilja jetzt baden, richtig losschwimmen würde er, egal wie – mit allen vieren wie ein Hund oder auf dem Rücken oder auf Weiberart, daß das Wasser nach allen Seiten spritzt. Die Stiefmutter trödelte heute, könnte tatsächlich ein bißchen Dampf dahinter machen!

Wenn sie mit dem Fußboden fertig wäre, würde sie ihn sicherlich spielen lassen. Tat sie's nicht im Guten, würde er auf den sauberen Dielen herumtrampeln, dann schmiß sie ihn sowieso hinaus.

Damit es schneller ging, griff Ilja mit der anderen Hand nach dem bereitliegenden Hammer und zerklopfte den Stein, der auf der Bank lag. Der Stein zerfiel zu Grus. In den Grus stippte die Stiefmutter den Besen wie ein Bund Lauch in grobkörniges Salz und schrubbte eifrig die ungestrichenen Dielenbretter. Das dunkle Haar fiel ihr strähnig in die Augen, sie strich es mit dem Handrükken aus der Stirn, richtete sich steif auf und flötete, die Lippen gespitzt, wobei sie schwärmerisch auf den pudelnackten Mitja blickte: »Ach, mein Süßerchen, ach, mein Hübscher . . .!«

Mitja vertat seine Zeit nicht unnütz. Mit seinen Patschhändchen grapschte er der Mutter ins lange Haar, anfangs kicherte sie noch, redete ihm gut zu, denn sie hatte schmutzige Hände und konnte nicht zupacken. Aber Mitja zauste mit wilder Lust. »O-o-oh!« schrie sie, »tu doch was, hast du keine Augen im Kopf?« Wütend riß Ilja Mitjas Hände weg und grinste befriedigt, als er die Haarbüschel in den Fäusten des Kleinen sah. Mit der triefenden Rechten gab die Stiefmutter Mitja dafür einen Klaps auf den nackten Po, und Mitja heulte los.

Immer dasselbe: Zuerst hätschelt, dann schlägt sie den Jungen. Versuch einer, Mitja jetzt zu beschwichtigen. Er hat auch Charakter und wird nun den halben Tag plärren, irgend etwas in seinem unverständlichen Kauderwelsch verlangen und alles zurückweisen, was immer man ihm gibt.

Ilja kochte innerlich, er schaukelte die Wiege und versuchte, Mitja zu überbrüllen:

»Aua-au, aua-au,
Timofej hat eine Frau,
Timofej und seine Frau
wohnen auf der grünen Au.«

»Reiß nicht so an der Schnur, kippst noch das Kind aus der Wiege!«

»I wo, mach's ja nicht zum erstenmal!« zischelte Ilja zwischen den Zähnen.

Nastja erriet die Herausforderung.

»Ich sag dir, du sollst nicht so rütteln!«

»Ich rüttle doch nicht, was willst du denn?« antwortete Ilja bissig und zerrte stärker. Mitja ließ die Stimme anschwellen.

»Du rede mir noch!«

»Klar werd ich reden!«

»Sag bloß noch ein Wort!«

»Und ob!«

Die Stiefmutter sprach immer heftiger. Ilja aber verrichtete gelassen seine Arbeit, schwieg, schnaubte jedoch anzüglich durch die Nase, zuckte die Schultern oder verdrehte die Augen zur Decke und feixte niederträchtig.

Dahinter lauert die abgefeimte Absicht, die Stiefmutter zu reizen. Beispielsweise sein Augenverdrehen zur Decke. Für einen Nichteingeweihten bedeutet es nicht das geringste, aber Iljas Vater behauptet: »Wenn die Nastja Krakeel beginnt, dann ist bestimmt Mondwechsel.« Ebendarum starrt Ilja anzüglich zur Decke, als spähe er nach dem wechselnden Mond.

Die Stiefmutter geriet immer mehr aus dem Häuschen, spie Gift und Galle, beschimpfte den Jungen aufs ärgste, entdeckte jedoch, daß er keine Miene verzog. Nur in den schlitzschmalen Augen stand unkindlicher Haß. Jedesmal, wenn sie diesen scharfen Glanz in den Augen des Stiefsohnes sieht, muß sie an ein geschliffenes Jagdmesser denken und glaubt erschauernd, daß Ilja sie eines Tages abstechen wird. Aber die Angst vor ihm läßt sie sich beileibe nicht anmerken. Sie möchte seinen Widerspruch schüren, möchte, daß es im Haus blitzt und donnert, daß alles drunter und drüber geht — danach weint sie sich aus und sinkt erschöpft auf die Bank — und dann tritt vorübergehend Ruhe ein.

Nastja wollte auch jetzt böses Blut machen und wußte, wie das zu bewerkstelligen war. Darum zog sie nun über Iljas verstorbene Mutter her, über seine Großeltern und nannte sie Kehlkröpfe.

Iljas überlegene Ironie war wie fortgewischt, er riß den Mund auf, faßte sich an den Hals.

»Kehlkröpfe, und doch tausendmal besser als du?«schrie er mit erstickender Stimme.

Das war zuviel.

Die Stiefmutter riß ihren Kopf hoch und ließ einen Wortschwall los. Sie nähe für ihn, koche für ihn, spare sich jeden Bissen vom Munde ab, alles nur seinetwegen, und das sei der Dank dafür!

Ilja wollte protestieren, aber daran war nicht zu denken — die Stiefmutter ließ nicht die kleinste Lücke offen.

Mitja hatte sich heiser und müde geschrien. Seine Stimme klang gedämpfter, verflocht sich mit Nastjas Gezeter. So ging es ein Weilchen, bis beide neue Kraft geschöpft hatten und mit voller Lautstärke wieder loslegten.

Doch da wurde gegen die Wand geklopft. Es waren die Chrapows, die um Ruhe baten. Das wäre an und für sich eine günstige Gelegenheit für Ilja, um hinauszuwitschen und ein Stündchen im Freien herumzutollen. Die Stiefmutter würde dann mit den lieben Nachbarn streiten und sich allmählich abkühlen. Aber heute ritt ihn der Teufel und stachelte ihn immerfort an: Geh nicht weg, bleib da, trieze sie durch deine Gegenwart.

Nachdem Nastja alle seine Anverwandten durchgehechelt hatte, erklärte sie zum tausendstenmal, sobald der Vater von der Jagd heimkehre, würde sie ihre Siebensachen packen und auf Nimmerwiedersehen verschwinden. Wohin? Warum? Das sei schon ihre Sache. Aber ein solches Schandleben zu dulden, sei sie nicht länger gewillt, und in diesem Waldnest zu versauern, habe sie als junge Frau auch nicht nötig.

Ilja wußte im voraus: Gleich würde sie die Augen zumachen, sich in Pose werfen und in der Erinnerung schwelgen, wie ein gewisser Jemand ihr sehr abgeraten habe, Werstakow zu heiraten, und dieser Jemand sei nicht etwa der erste beste gewesen, sondern ein waschechter Städter. Ein Motorboot habe er bedient. Aber sie dumme Gans war wie blind in ihr Unglück getappt, obwohl ihr doch gleich beklommen ums Herz gewesen war — sie sei ja so empfänglich für üble Vorahnungen, aber sie kam nicht gegen sich an, eingewickelt hatte man sie, rein verhext. Na ja, im Dorf Uwaly wohnten ja alles Hexer.

Wie ein schwarzer Schatten klebte der Spitzname an den Leuten aus seinem Dorf. Das wußte Ilja längst. Dabei trug doch jedes sibirische — ach was! —, fast jedes russische Dorf einen Spitznamen. Denen aus dem Dorf der Stiefmutter sagte man beispielsweise nach, daß sie einmal im Katzenjammer Kumtriemen gefressen hätten. Hatte sie's vergessen? Er wird sie gleich daran erinnern.

»Und ihr seid Riemenfresser! Damit du's weißt!«

Wäre Nastja klüger, würde sie lachend über dieses dumme, unüberlegte Wort hinweggehen, aber sie kreischte, stampfte mit den Füßen, und ehe er sich's versah, schlug sie ihm den schmutzigen Scheuerlappen klatschend ins Gesicht. Er rang nach Luft, schrie vor Schmerz und Wut. Gruskörner waren ihm in Mund und Augen geraten. Er spuckte den Dreck aus, wischte sich mit dem Ärmel die Augen und tastete nach dem Hammer auf der Bank.

»Wag du nur zuzuschlagen! Untersteh dich!« rief die Stiefmutter erschrocken und wich zur Tür zurück. Sie hatte sich schon umgedreht, um durch die Tür zu schlüpfen, als sie der Hammer traf.

Nastja plumpste an der Schwelle hin. Ilja erinnerte sich genau – er wollte ihr bloß eins auf den Rücken verpassen, aber ausgerechnet in dem Augenblick hatte sie sich geduckt, und der Hammer hatte ihren Nacken getroffen.

Ich habe sie umgebracht! durchfuhr es ihn eiskalt, als er ihre schmutzigen Füße auf dem nassen Boden zappeln sah. Das Haar in ihrem Nacken färbte sich noch dunkler.

Mitja war verstummt und machte Glotzaugen. Ilja stand in der Mitte des Zimmers und starrte wortlos auf das Blut, das vom Nacken der Stiefmutter auf die feuchten Dielen rann.

Ihr Hilfeschrei schoß wie ein Korken in die Luft:

»Hi-i-ilfe!«

Der Schrei gab ihm einen Stoß. Er schnellte aufs Fensterbrett, sprang hinaus in den Gemüsegarten, rollte sich in die dichten Brennesseln und blieb mucksmäuschenstill liegen. Das Herz hämmerte im Hals, der Grus stach in den Augen, knirschte zwischen den Zähnen.

»Mo-o-rd!« gellte es aus dem Haus. »Ach, mein armer Kopf!«

Ilja bezwang das Schlottern in den Knien und murmelte ein ums andere Mal: »Geschieht dir recht . . .!« und war doch froh, daß er sie nicht umgebracht hatte.

»Man hat schon seine Not, mit ’nem fremden Kind zu leben, seine liebe Not!« lamentierte Nastja, weinte und schneuzte sich. »Ist der Kopf arg wund?«

Jemand antwortete ihr halblaut, die Worte konnte Ilja nicht verstehen, Chrapowa, die Nachbarsfrau keifte:

»Liebliche Kinderchen sind das ja heutzutage, so lohnen sie einem die viele Müh ...«

»Schlimme Zeiten, schlimme Zeiten, die Menschen vertieren richtig ...«, griff die Mutter des Hegers eifrig ein, eine fromme und argwöhnische Alte.

»Der hat ihr's aber besorgt! Wo hast du die Schere? Die Haare müssen runter, damit keine Bakzillen nicht rankommen, wegen der Ansteckung.«

»Brüll nicht, nimm dich zusammen!« herrschte jemand die ängstlich jammernde Stiefmutter an.

Alle Weiber waren zusammengelaufen. Jetzt würde das Schimpfen und Tratschen tagelang kein Ende nehmen.

»Das Fell müßte man ihm dafür über die Ohren ziehen!« schnaubte die Chrapowa. »Keine Gottesfurcht im Leibe, daher alle Sünden und alles Unheil«, setzte die Alte von neuem an.

Ilja aber dachte: Wär gar nicht übel, der auch einen Stein gegen den Schädel zu ballern, damit sie nicht unkt, die alte Kröte, ist ja sowieso alles verspielt.

»Hätte eben auch erst überlegen sollen, wen sie heiratet. Noch nicht trocken hinter den Ohren und nimmt sich einen mit Kind ...«

Das war Tantchen Paraskowja. Eine harte Frau, die im Bürgerkrieg gekämpft hatte, mit Narben im Gesicht und darum unverehelicht. Sagte immer, was sie dachte. Ilja achtete und fürchtete sie ein bißchen. Sie behandelte ihn mit derber Zärtlichkeit, konnte die Stiefmutter nicht ausstehen und nannte sie Zappelliese. Die anderen Frauen der Siedlung mochten die Nastja auch nicht, hechelten sie bei jeder Gelegenheit durch, aber wenn es Krach gab, ergriffen sie immer Partei für Nastja und gaben Ilja die Schuld.

Offenbar empfanden sie Iljas Aufsässigkeit als Rebellion. Von den Kindern erwarteten sie vor allem Gehorsam und widerspruchslose Unterwerfung. Hatten sie doch selbst in ewiger Angst vor der Fuchtel gelebt. Auch sie hatten sich seinerzeit nach bestem Vermögen gegen das elterliche Joch gewehrt, bloß hatten sie es inzwischen vergessen.

Kinder — und namentlich Waisen — gegenüber ist die Welt ungerecht. Das hatte Ilja längst begriffen. Allerdings gab es Menschen auf dieser Erde, die mit ihm gut auskamen und ihn wie ihresgleichen behandelten. Das waren die Großeltern, Opa und Oma. Aber sie wohnten weit weg, hinter den Bergen, hinter den Wäldern, fern im Heimatdorf.

Iljas Vater war Jäger. Wochen und Monate durchstreifte er die Wälder, jagte Hirsch und Elch, Wildziege und Bär, das Fleisch verkaufte er an die Flößer und Holzfäller. Wenn Vater daheim war, hatte es Ilja leichter. Dann wußte die Stiefmutter, an wem die ihren Ärger auslassen konnte. Fast täglich hielt sie Vater vor, daß er ihre Jugend zugrunde gerichtet hatte, vergaß auch nie zu erwähnen, daß einer — Motorbootfahrer oder Arztgehilfe — um sie angehalten hatte, sie aber war rein verhext gewesen und hatte Werstakow genommen, und nun blieb ihr nur noch eins übrig: sich aufzuhängen oder zu ertränken. Jedesmal beschwerte sie sich über Ilja, wobei sie Wahrheit und Erfindung zusammenbraute. Der Vater verpaßte dem Sohn einen Denkzettel mit dem Riemen. Allerdings tat es nicht sehr weh. Aber bekanntlich gibt es nichts Schlimmeres als unverdiente Strafe. Der Junge merkte, daß Vater ihn der Ordnung halber versohlte, bloß der Stiefmutter zuliebe. Sie wurde dadurch noch unverschämter. Mit Ilja aber kam es so weit, daß er in den Nächten aus dem Schlaf fuhr.

So war sein Leben bis zum heutigen Tag verlaufen. Tropfenweise hatte sich die Wut in Iljas Herzen gespeichert. Und nun war's geschehen.

Ilja wartete in den Brennesseln, bis es im Haus still geworden war. Sogar Mitja rief nicht mehr nach dem Bruder. Gewöhnlich rief er ihn: »I-ja! I-ja!« Arme und Beine brannten von den Brennesseln. Ilja scheuerte die Füße aneinander, an den nackten Waden bildeten sich rote Blasen. Er stand auf und rieb die wunden Stellen mit Speichel ein.

Dann kletterte er über den Zaun, verharrte ein Weilchen am Fluß, warf einen flachen Stein übers Wasser, zählte aber nicht mal, wie oft der Stein aufschlug, und trottete dann langsam am Ufer entlang, immer weiter von der Siedlung weg.

In der Nähe der Weideninsel, wo die Studenten gewöhnlich mähten, fand Ilja eine Laubhütte. Geräumig und trocken, oben dick mit Heu abgedeckt. Wie lange er hierbleiben und womit er sich ernähren würde, das wußte er noch nicht. Zu den Großeltern war es weit über die Berge, obendrein konnte er sich nicht an den Weg erinnern. Die Familie war im vorvorigen Winter hergekommen. Ilja hatte man in einen dicken Schafpelz vermummt, so daß er fast nichts vom Weg gesehen hatte.

Ob er sich in der Siedlung ein Boot borgen und stromabwärts rudern sollte? Das Dorf Uwaly lag nur fünf Kilometer von der Mündung der Mara entfernt. Aber bis dorthin gab es viele Sandbänke, Geröll, sogar Stromschnellen, die selbst erfahrene Flußschiffer nicht immer bezwangen. Also blieb ihm weiter nichts übrig, als hierzubleiben und zu warten.

Aber worauf?

Einsamkeit

An Sommerabenden gibt es feierlich-stille Augenblicke, wo die Natur, matt und sonnenmüde, langsam in die sich verdichtende Dämmerung versinkt. Die Abendröte verfahlt, nur hinter dem höchsten Berg liegt ein durchsichtiger Streif. Noch wirft er ein scheues Licht auf die Wipfel der Bäume, die wie einsame Marksteine am Rand der Welt aufragen. Aber die Welt liegt in stummer, unerreichbarer Ferne. Am Fluß dagegen, wo sich die Sonne erst gegen Mittag zeigt, tönen sich die Farben bereits dunkel. Von Ufer zu Ufer reichen die Schatten der Felsen, vereinen sich brüderlich in der Flußmitte. Sie sind noch nicht nachtschwarz, schimmern in dunkelblauen Zwischentönen, auf dem ziehenden Wasser der Strömung haben sie den schillernden Glanz von Auerhahnschwingen. Doch dicht am Ufer, wo man um diese Stunde deutlich das Raunen der zahllosen Bäche hört, herrscht schon Dunkelheit. Sie schiebt sich über den Fluß und wälzt sich über die violetten und dunkelblauen Fluten. Die Schlammläufer, die lautlos längs der Ufer hinstreifen, stimmen ihr Geflöte an.

Fröstelnde Kühle zieht aus den Schluchten. Das Laub regt sich nicht. Das Gras schwitzt. Läuft man jetzt barfuß durchs Gras, brennen einem die Sohlen vor Kälte, und Heuschrecken spritzen wie helle Funken nach allen Seiten. Ilja war aber gar nicht nach Laufen zumute – er hatte kein bestimmtes Ziel. Den Kopf zwischen den Schultern, die Beine untergezogen, hockte er lauschend vor der Hütte. In Schipitschicha ertönten dumpf hallende Schläge – jemand hackte Holz oder schlug mit dem Bleuel die Wäsche, oder Timofej Chrapow reparierte irgendwas. Dort waren Menschen, hier dagegen niemand, nur Ilja. Über ihm schwärmten surrende Mücken. Er vertrieb sie nicht, bemühte sich nur, möglichst still zu atmen.

Die unheimlichste und darum längste Stunde rückte heran. Wenn ihm schon diese Abendstunde lang erschien, wie endlos würde ihm erst die Nacht vorkommen? Ilja versuchte, nicht daran zu denken. Je mehr sich die Dunkelheit verdichtete, desto beklommener lauschte er. Sogar in diesen schleppenden, einförmigen Minuten gab es Leben, das Laute hervorbrachte, allerdings vorsichtig und ängstlich. Die Heuschrecken waren lebhafter, vielleicht hörte er ihr Zirpen aber nur darum so deutlich, weil es von keinen anderen Geräuschen übertönt wurde? Müde und monoton plätscherte der Fluß. Mit trostloser Stimme bettelte der Uhu im Wald um einen warmen Pelz, und aus Schipitschicha kam das dumpfe Klopfen und wollte kein Ende nehmen. Nun trieb auch etwas Rauch herüber, ein Glöckchen läutete, und eine Holzschelle klapperte – der Heger hatte das Vieh auf die Weide getrieben.

Dann riß das Klopfen in der Siedlung ab. Auf der Weideninsel, die sich dunkel vor der Hütte erhob, knarrte ein Wachtelkönig, als habe er nur auf diesen Augenblick gewartet. Er knarrte, wartete horchend ab – keine Antwort, nur die klingelnde Glocke und die scheppernde Schelle, die sich langsam entfernten. Egal, schien sich der Wachtelkönig zu sagen und stimmte sein Geknarr für die ganze Nacht an.

Schüchtern, als wolle er sich erst einsingen, pfiff ein Vogel im Holunder hinter der Hütte ein paar Töne. Dann verstummte er, richtete sich bequemer auf seinem Zweig ein (auch das konnte Ilja hören), wartete, bis der Wachtelkönig richtig loslegte, und übernahm nun verhalten die zweite Stimme, als versüße eine Mädchenstimme ein heiseres Bauernlied.

Es wurde finster. Der Mond war noch nicht hinterm Berg aufgegangen. Ilja wartete nicht erst auf den Mondschein, sondern kroch auf allen vieren vorsichtig in die niedrige Hütte, wickelte die Füße in eine alte Steppjacke, die so zerschlissen war, daß die Männer sie dagelassen hatten, und schloß die Augen. Das Herz des Jungen klopfte unregelmäßig. Das Heu raschelte, sank knisternd zusammen, Ilja glaubte noch jemanden in der Hütte zu hören.

Wie ein gespannter Gewehrhahn war sein Herz bereit, beim leisesten Druck nachzugeben, es reagierte auf jedes Rascheln, auf jedes noch so nichtige Geräusch. Irgendwo nagte eine Maus, und Ilja stockte das Blut. Auf der Insel gellte eine Rohrdommel wie ein Waldschrat, Ilja trat der kalte Schweiß auf die Stirn. Im Wald knackte ein Ast. Natürliche Gründe dafür gab es genug, aber dem Jungen schien, daß ein Sumpfgespenst, kalt und glitschig, zur Hütte schleiche, vielleicht sogar der Gottseibeiuns selbst, gehörnt und mit fürchterlichen Hauern im Maul.

Ilja biß die Zähne zusammen, ballte die Fäuste und begann zu zählen. Er zählte laut, verzählte sich, fing von vorn an, aber seine Ohren waren nicht bei der Sache, sie horchten in die Nacht hinaus.

So lag er lange wach, mal mucksmäuschenstill, mal warf er sich geräuschvoll von einer Seite auf die andere, um seine Furcht zu vertreiben. Schließlich kam ein Augenblick, wo er sich völlig entkräftet fühlte und ihn dumpfe Teilnahmslosigkeit übermannte. Er sagte sich von allen Dingen dieser Welt los, bewegte die steif gewordenen Beine und merkte nicht, wie er einschlief.

Entweder weil er sehr aufgeregt und müde gewesen war oder weil er sich sonst nie ausschlief, vielleicht aber auch wegen des betäubenden Heudufts schlief er in dieser Nacht so fest, daß er erst am späten Morgen erwachte. Er wachte auf und wunderte sich, daß er abends vor Angst geschlottert hatte.

Die Welt ringsum war hell, freundlich und lockte mit vielen Stimmen. Das Gras auf der Wiese, die Bäume, die Sträucher auf der Insel hatten sich in ein verträumtes Grau gehüllt, auf dem Hunderte Funken sprühten. Im Wald pfiffen Haselhühner. Griesgrämig quarrte ein Unglückshäher hinter der Hütte, hüpfte dann federnd zur Feuerstelle und äugte zu Ilja hinüber, ob er ein Gewehr habe oder nicht. Gleich darauf begann er geschäftig in der kalten Asche zu wühlen.

Ilja stieß einen Ruf aus, der Häher strich träge ab. Der Junge sprang auf und rannte über die Wiese. Zwei leuchtendgrüne Streifen spulten sich schlängelnd hinter ihm ab. Er lief in den seichten Flußarm, der die Insel vom Ufer schied; nach dem eisig stechenden Tau erschien ihm das Flußwasser seidenweich und warm. Er bespritzte sich das Gesicht, trank dann aus der hohlen Hand und watete zur Insel. Er stolperte und machte sich die über die Knie gerollte Hose naß. Stehenbleibend sah er sich um, atmete die feuchte Luft ein und sagte:

»Herrlich!«

Die Sonne wärmte bereits. Von der Erde stieg leichter Dunst auf. Die Zweige der Birken, Erlen, Weiden und sogar der sonst immer flüsternden Espen hingen reglos über dem Wasser. Tau rollte von den Blättern und klatschte grobkörnig aufs Wasser. Bei dem Geräusch schossen die nimmersatten kleinen Fische herbei und schnappten hastig nach dem vermeintlichen Futter. Lächelnd warf ihnen der Junge einige trockene Brotkrümel zu, die er in den Taschen fand, und watete weiter.

Die Weideninsel war nicht groß. Von der Mitte des

Flußarms überblickte man ihre beiden Enden. Die Vegetation darauf war niedrig, aber so dicht, daß man nicht einmal mit einer Sense durchkam. Die zottigen Strähnen der Erlen und Weiden überragten das Grün. Unten am Boden wucherte Strauchwerk, suchte nach jeder Lücke, kämpfte um jeden freien Fleck Erde. Hier gab es die rötlichen Flechten des Schmalblatts, die leidigen Stacheln der anpassungsfähigen Himbeersträucher, das Gestrüpp des Seidenbastes und die braunen Sprossen der Traubenkirsche. Aber am üppigsten wucherten hier die Purpurweiden mit den süßlich schmeckenden Spitzen und die Johannisbeeren. Nur stellenweise vermochten sich Quecke, Wildhalm, Brennessel und duftendes Madesüß durch das Johannisbeerdickicht zu zwängen. Beeren konnte man auf dieser Insel nur so scheffeln, allerdings nur Johannisbeeren und Traubenkirschen. Die Himbeersträucher waren unfruchtbar, sie hatten zuwenig Sonne. Dafür waren die Johannisbeersträucher voller schwarzer Kugeln, rund und schwer wie Blei.

Im Vorbeigehen pflückte Ilja Johannisbeeren und schüttete sie sich in den Mund. Süß!

Wenn er dazu noch eine Scheibe Brot hätte! Aber Brot hatte er keins, wo sollte es auch herkommen? Ihn plagte Hunger. Nach Kartoffeln müßte er buddeln. Kartoffeln waren so gut wie Brot. Natürlich nicht ganz so gut, aber sättigend. Im Hungerjahr dreiunddreißig hatten sich die Großeltern und Ilja nur von Kartoffeln ernährt. Und hatten das schlimme Jahr überstanden. Freilich war ihm mitunter übel geworden, aber was tat's. Im Frühjahr, kaum daß die Hänge schneefrei waren, grub Ilja nach den öligen Knollen der Türkenbundlilie. Und als das Gras zu grünen begann, aßen sie Brennesseln und Hederich. Oma besorgte noch irgendwo etwas Haferbrot oder backte Fladen aus ungeworfelter Hirse. Hatte das geschmeckt!

So manches Kind war in jenem Jahr verhungert, Ilja aber war durchgekommen. Wie denn anders? Ima hätte ihn nie und nimmer verhungern lassen. Sie sparte sich das Letzte vom Munde ab und gab es Ilja. Warum war Vater bloß heimgekehrt! Dann hätte es die Stiefmutter nie gegeben. Ilja wäre bei den Großeltern geblieben und nicht in dieses Schipitschicha geschleppt worden. Warum waren sie so weit weggefahren, dorthin, wo es nicht mal eine Schule gab?

Ob die Großeltern noch lebten?

Aber ja. Sie durften nicht sterben. Ohne die Großeltern würde es Ilja ganz übel ergehen. Sie waren nicht bei ihm, aber er wußte, daß es sie auf der Welt gab, daß sie an ihn dachten, und schon das machte sein Alleinsein erträglicher.

Der Junge brach durch das Dickicht, bahnte sich krachend den Weg wie ein Bär, die schwarzen Johannisbeeren rollten ihm vor die Füße, er mochte sie nicht mehr. Von dem sauren Geschmack zog sich ihm im Mund alles zusammen.

Ilja dachte an die Schule zurück, an die erste Klasse. Oma hatte ihm aus ihrer alten Schürze einen Beutel genäht. Ein prachtvoller Beutel war das geworden, weinrot, mit Blümchen gemustert und mit zwei Tuchhenkeln. Im Beutel lagen Bleistift und Fibel, außerdem ein halbes Rundbrötchen und zwei Eier.

In der Schule vertilgte Ilja als erstes das Brötchen und die Eier, um nicht mehr daran denken zu müssen, dann ging er mit den anderen Kindern spielen. Er kannte sie alle, bloß daß sie am ersten Schultag besonders herausgeputzt waren. Ilja ebenfalls. Großmutter hatte ihm eigenhändig eine Hose aus dem Rock der verstorbenen Mutter geschneidert, und das Hemd dazu hatte die überbreite großmütterliche Schürze abgegeben. Ilja protzte ungeheuer mit seinem Staat! Er prahlte damit und gab an, stürzte sich ins dichteste Gewühl der spielenden Kinder.

Dann läutete die Glocke, die Kinder wurden in die Klasse geführt. Komisch, daß der Raum Klasse hieß, in

Wirklichkeit war es die gute Stube der Kulakenfamilie Platonowski, die man irgendwohin ausgesiedelt hatte. Ihr Haus hieß jetzt Schule. Das Haus hatte sich nicht verändert, bloß leer war es und darum langweilig. Sogar die Tapeten waren dieselben wie früher, und an den Tapeten sah man die hellen Flecke, wo vordem Ikonen und gerahmte Fotografien gehangen hatten. Über der Stelle, wo früher ein Bett stand, ragten zwei lange Nägel aus der Wand. An den Nägeln hatte ein Karabiner gehangen. Mit dieser Waffe hatte der alte Platonowski den Leonid Germanowitsch Solodarew aus nächster Nähe erschossen. Dieser Leonid Germanowitsch Solodarew war seinerzeit nach Uwaly verbannt gewesen, und nach der Revolution hatte er mit den Kulaken in dieser Gegend aufgeräumt. Das hatte ihm der Alte heimgezahlt.

Nachdem die Kupferglocke verklungen war, die der Traber des Kulaken Platonowski früher am Hals getragen hatte, betrat Solodarews Sohn Fjodor Leonidowitsch die Klasse, und in die andere Klasse, ebenfalls ein ehemaliges Wohnzimmer, kam Fjodor Leonidewitschs Mutter. Den ganzen Winter über unterrichteten die beiden die Kinder.

Sie waren gute Lehrer. Brachten ihnen das Schreiben bei, das Rechnen, das Lesen und machten Ausflüge mit ihnen. Das war eine schöne Zeit gewesen.

Als Ilja einmal wegen eines schlimmen Fußes nicht zur Schule gehen konnte, besuchte ihn der Lehrer zu Hause und schenkte ihm einen Rotstift. Ilja ging sparsam damit um und drückte ihn nur sacht aufs Papier. Aber hier in Schipitschicha hatte ihn die Stiefmutter ihrem Liebling Mitja gegeben, und der hatte ihn natürlich verbummelt. Ach, diese Menschen! Nichts ist ihnen heilig, nichts wissen sie zu schätzen.

Ilja trabt scheinbar ziellos über die Insel. Da geht einer einfach so für sich hin, läßt die Vergangenheit an sich vorüberziehen und trauert ihr nach. Im Vorbeigehen pflückt Ilja die größeren Beeren und steckt sie in die Tasche. Wozu? Bloß so.

Ganz von selbst tragen ihn die Füße zum oberen Ende der Insel. Watet man von dort durch den Flußarm und steigt ans Steilufer, überblickt man die Siedlung und sieht auch die Baracke. In der Baracke ist Mitja schon aufgewacht und ruft nach ihm: Ija! Ija! Die Stiefmutter steht gewiß am Herd, mit zuckender Nase und zuckendem Kopf. In der Stube duftet es nach Gebratenem, und der Geruch nach Pellkartoffeln steigt verführerisch in die Nase. Kartoffeln sind nicht zu verachten, wenn sie schön gar gekocht sind, wenn's eine Prise Salz dazu gibt und obendrein eine dicke Scheibe Roggenbrot.

Die Büsche knacken, das feuchte Gras raschelt, Ilja, naß bis an den Gürtel, geht immer weiter und tut, als wüßte er nicht, wohin. Er pfeift sich eins, laut und fröhlich, wie einer, den keinerlei Sorgen drücken. Als er das obere Ende der Insel erreicht, ruft er verblüfft:

»Guck an, wo ich gelandet bin!«

Da er aber hier gelandet ist, von wo sich der Blick auf Schipitschicha öffnet, wäre es doch unrecht, nicht mal in die Siedlung hineinzuschauen.

Hinter dem Dickicht von Brennesseln, Disteln und Bilsenkraut, das wie eine Mauer den Lattenzaun verdeckt, stahl sich Ilja zur Baracke.

Und da war auch schon der vertraute Gemüsegarten.

Er ließ sich in eine Furche fallen und blieb still liegen. Dann hob er den Kopf, horchte und spähte nach allen Seiten. Neben ihm war eine Gurke vom Beet gerutscht und baumelte wie eine Hundezunge herab, knallgelb und überreif. Die Stiefmutter machte sich nicht die Mühe, die Gurken fürs Einlegen zu pflücken, hatte keine Zeit, mußte sich ewig mit den Nachbarn kabbeln.

Ilja lugte durchs Fenster. Es stand sperrangelweit auf. Er sah den Staub im Zimmer flirren, sonst nichts. Am Fenster Geranien und Weiberklatsch. Die Blume hieß so.

Sie rankt und verschlingt sich mit ihren klebrigen Blättern und klammert sich überall fest. Der Weiberklatsch verdeckt Ilja die Sicht auf alles andere. Er kroch ein Stückchen näher. An der Rasenbank der Baracke lag eine dicke Schicht Holzmulm, niedriger Hanf und Melde sprossen heraus. Zwischen zwei Fenstern – dem der Chrapows und dem der Werstakows – wucherte das Gestrüpp besonders dicht. Ilja robbte ins Hanfdickicht und scheuchte einen Grauschnäpper und eine Hummel auf.

Aufs benachbarte Fensterbrett gestützt, saß Pascha Chrapowa, den Kopf in den Händen, und sang mit dünnem Stimmchen: »Lieber Kolja mein, möchte sagen dir, daß ich swanger bin ...« Paschas vordere Milchzähne waren herausgefallen, darum lispelte sie. Infolge ihrer verwerflichen Leidenschaft für Süßigkeiten litt sie an einem Ausschlag. Man hatte ihr das Haar mit einer Schere abgeschnippelt und die wunden Stellen umgangen, so daß Paschas Kopf dem eines noch nicht flüggen Entchens ähnelte. Die breite Nase verstärkte die Ähnlichkeit noch mehr.

Lächelnd glitt Ilja zu seinem Fenster und horchte.

Ein lautes Rubbeln und Plätschern. Die Stiefmutter wusch Wäsche. Folglich würde sie bald zum Spülen an den Fluß gehen.

Das traf sich gut.

Mitja quengelte: »Ma-a ... Ma-a ... Ma-a-a ...«

Das Biest von Stiefmutter hat den Jungen bestimmt noch nicht gefüttert!

Aber gleich darauf ertönte es gereizt:

»Los, friß!«

Für eine Weile wurde es still.

Endlich kam es:

»Schlaf, Kleinchen, schlaf, mein Süßer, bin bald wieder da.«

Mitja plärrte los. Er wollte die Mutter nicht fortlassen. Alleinsein vertrug er nicht. Was für eine Trantute! Hält die Stiefmutter vom Wäschespülen ab. Doch dann wurde ein lautes Klatschen hörbar. Nastja versetzte ihrem Liebling ein paar schallende Klapse, wonach er noch stärker brüllte. Die Stiefmutter schrie: »Dich soll doch die Pest holen!« und ließ die Tür zukrachen.

Nastja stieg mit der Schüssel, bis obenhin voll Wäsche, zum Fluß hinab. Um den Kopf hatte sie ein altes weißes Tuch gebunden, das einen dunklen Fleck geronnenen Blutes zeigte. Nastja schnaubte andauernd durch die Nase und zwinkerte nervös. Ihre von Kind auf verarbeiteten Hände zuckten. So zappelte sie fortwährend wie der Hampelmann, den Großvater für Ilja aus der Stadt mitgebracht hatte.

Die Stiefmutter blieb stehen, schlug sich wütend mit der Hand auf den Schenkel, drehte sich um und schrie durchs Fenster:

»Du schrei mir noch! Wenn ich noch einen Ton höre!«

Mitja beantwortete das mit verstärktem Gebrüll. Ilja drückte sich in den Hanf und verhielt den Atem. Die Stiefmutter setzte sich wieder in Bewegung und verschwand hinter dem Flechtzaun. Mit vor Hitze heraushängender Zunge folgte ihr der Hund des Nachbarn Lamposejka. Das kam Ilja sehr gelegen, nun würde sein Erscheinen keinen Lärm verursachen.

Völlig gleichgültig für ihre Umgebung, sang Pascha ihr Lied vom lieben Kolja weiter.

»Kräk!« Ilja wartete, aber Pascha hörte nichts.

Nun schleuderte er einen Klumpen Erde aufs Fensterbrett. Pascha hielt inne und sah sich verwundert um.

»Was smeißt du denn?«

Die Kleine war phantasiebegabt, die hatte irgendwo einen durchlöcherten Sechser aufgegabelt, ihn mit einem Stein blank gescheuert und trug ihn wie eine Brosche. Ums Handgelenk hatte sie sich ein Band gebunden und mit Tintenstift einen Kreis darauf gemalt. Eine Armbanduhr.

»Pascha!« flüsterte Ilja. »Ich möchte ins Haus, paß du inzwischen auf, daß die Stiefmutter mich nicht sieht.«

»Meinswegen«, erklärte sich Pascha einverstanden. »Wenn sie kommt, singe ich ganz toll. Warum hast du sie so zusammengehauen?«

»Geht dich doch nichts an! Mußte eben sein. Wollte sie richtig totschlagen. Und tu es noch! Was glaubst denn du!«

Pascha machte runde Augen und wich erschrocken vom Fenster zurück. Nach der »Brosche« greifend, hauchte sie angstvoll:

»Totschlagen?«

»Ja doch.«

»Mausetot?«

»Klar.«

»A-ach!«

»Merk dir's! Paß gefälligst auf, und daß du ihr ja nicht sagst, ich bin dagewesen, sonst mach ich nicht viel Federlesens, bei mir geht so was schnell.« Was bei ihm »schnell« ging, das erläuterte er nicht, aber Pascha folgerte aus seiner entschlossenen Miene, daß die Drohung nichts Gutes verhieß. Angstlich sang sie mit ihrem piepsigen Stimmchen das Lied weiter.

Ilja schob die Blumentöpfe beiseite, schnellte von der Rasenbank aufs Fensterbrett und vom Fensterbrett auf die Truhe. Mitja verstummte und reckte den Hals. Als er den Bruder erkannte, jubelte er mit ausgestreckten Ärmchen: »Ija!« Aber Ilja war durch das Gespräch mit Pascha kriegerisch gestimmt und keineswegs gesonnen, sich zärtlichen verwandtschaftlichen Ergüssen hinzugeben. Im Vorbeigehen hielt er Mitja die geballte Faust vor die Nase und erkundigte sich:

»Schon mal dran gerochen?«

Der genügsame Mitja freute sich sogar darüber. Er packte die Faust und versuchte sie in den Mund zu schieben. Im ersten Moment war Ilja betroffen, dann riß er die Hand zurück und wischte sie an der Hose ab.

»Laß los! Immer gleich zubeißen! Dein Kindermädchen bin ich am längsten gewesen! Mir reicht's! Jetzt bin ich ...« Was er jetzt war, konnte er beim besten Willen nicht auf Anhieb erklären, jedenfalls war er jetzt nicht mehr das geknechtete Opfer fremder Willkür, das bei seinem Frondienst nicht mal zum Spielen kam. Nein, bester Freund, Pustekuchen! Jetzt sollte sich die Stiefmutter nachts höchstpersönlich bemühen. Jawohl! Ilja hatte Wichtigeres zu tun!

Mit diebischer Hast durchstöberte er die Truhe, den Schrank, die Speisekammer. In dem an einem Nagel hängenden Sack fand er zwei Brote, Salz in einem Lappen, ein Messer lag dabei, auch Zucker in einem Beutel. Als hätte jemand das eigens zurechtgelegt.

Was noch? Ja, die Angeln. Ilja zog die Schublade auf – Haken und Schnüre lagen bereit.

Jetzt mußte er sich noch um Schuhwerk kümmern. Was brauchte er? Vielleicht die Schaftstiefel der Stiefmutter? Ach, laß sie! Es war nur dieses eine Paar im Haus. Die Stiefmutter mußte in die Beeren gehen, aufs Gemüsefeld, zum Fluß, hierhin und dorthin. Laß sie stehen! Aha, den Mantel mußte er auch in den Sack stopfen. Was außerdem? Etwas brauchte er noch, etwas sehr Wichtiges, aber was, daran konnte er sich nicht erinnern, und trödeln durfte er nicht, er mußte schleunigst weg.

»Na, da guckst du, Rotznase, was?« Ilja wandte sich Mitja zu, der mit offenem Mund den Bruder beobachtete. Als begreife er, was sich in Iljas Gemüt abspielte, sagte er schüchtern: »Ija!« und streckte ihm diesmal nicht die Arme entgegen, sondern krauste nur kummervoll das Näschen, während sich seine Augen mit Tränen füllten. Ilja fühlte plötzlich einen Stein auf dem Herzen. Ihm wurde bewußt, daß er das Haus verlassen und allein in der Hütte übernachten mußte, und ihm wurde es unheimlich. Er spürte ein Kratzen im Hals und knurrte:

»Laßt's euch wohl gehn! Ja, ihr habt's gut!« Er brach ab und horchte.

> »Slag sie tot oder steck sie ins Waisenhaus,
> bloß mach das möglichst snell . . .«

Pascha sang die Moritat »Auf dem Friedhof in Mitrofanowo« von der bösen Stiefmutter, offenbar Ilja zuliebe. Im Bemühen, sich an etwas Bestimmtes zu erinnern, rieb sich Ilja die Stirn mit der Faust, aber ihm schien, daß Pascha jetzt lauter sang. Der Junge steckte die Hand in die Hosentasche, holte die zerquetschten Johannisbeeren heraus und schüttete sie in Mitjas geöffnete Hände. Der steckte die Beeren nicht in den Mund, sondern starrte weiter auf den Bruder. Ilja schniefte, wischte sich mit dem Ärmel die Augen, seine Lippen zuckten.

»So . . . Nun geh ich fort, Mitja . . . Ihr habt's ja so gut . . .«

Überraschend für sich selbst, küßte er Mitja auf die pralle schmierige Backe.

Als er durchs Fenster hinaussprang, durch den Gemüsegarten rannte, zum Fluß hinablief und hinter die Siedlung bog, glaubte er immer noch Mitja »Ija! Ija!« rufen zu hören.

Auf den Lippen fühlte er den salzigen und etwas säuerlichen Geschmack von Mitjas warmer Wange.

Ein Kampf ohne Blutvergießen

Ilja hatte alles mitgenommen, was er brauchte, hatte als vorsorglicher Mensch, der von klein auf gewohnt war, bei der Mahd mitzuhelfen, auf die Beerensuche und zum Angeln zu gehen, alles bedacht und vorausgesehen, aber das Kochgeschirr hatte er vergessen. Total verschwitzt. Er merkte es erst, als er Suppe kochen wollte und ihm der Topf fehlte. Ein Unglück? Nicht doch, halb so schlimm. Er röstete Kartoffeln in der Asche, briet Gründlinge an einem kleinen Holzspieß und aß Brot dazu.

Ein feines Leben!

In der zweiten Nacht war das Schlafen in der Hütte auch nicht mehr so schrecklich. Der lange Tag hatte ihn müde gemacht, beim Angeln war er viele Stunden im Wasser herumgewatet, war durchgefroren und darum schnell eingeschlafen.

Aber sind Gründlinge für einen zünftigen Angler etwa Fische? Bloß ein Zeitvertreib. Äschen wollte er angeln, ja, das waren richtige Fische! Darin war Ilja ein Meister und übertraf sogar die meisten Großen, von den Jungen ganz zu schweigen. Was war da die Hauptsache? Der richtige Moment!

Abends kroch Ilja lange im Gras herum, fing die flinken Heuschrecken und stopfte sie in eine Streichholzschachtel. Besäße er eine größere Schachtel, würden die Heuschrecken nicht krepieren. Lebendige eigneten sich besser als Köder. Aber eine andere Schachtel hatte er nicht.

Am nächsten Morgen sah Ilja als erstes in die Schachtel. Zwei Heuschrecken bewegten noch die Fühler, die anderen regten sich nicht mehr. Die eine kroch durch die spaltbreite Öffnung, lahm und torkelig wie ein Betrunkener. Ilja stopfte sie in die Schachtel zurück und eilte an den Fluß.

Er watete durch den Flußarm, überquerte die Insel und erreichte eine kleine flache Ausbuchtung voller Kieselgeröll, aus dem hier und dort kümmerliche Haselwurzblätter sahen. Von der mit Wasserpest übersponnenen Bucht strich ein Flug Krickenten ab und glitt so tief über den Fluß, daß die Flügel fast das Wasser berührten.

In dichten Reihen schwamm Triftholz auf der Flut. Folglich näherten sich die Flößer, die das Langholz die Mara hinabflößten, der Siedlung Schipitschicha.

An der oberen Inselspitze waren Baumstämme stekkengeblieben, hatten sich übereinandergeschoben und bildeten eine Stauung. Unter dem Flößholz gurgelte und sprudelte das Wasser.

Eine günstige Stelle. Äschen bevorzugen solche Wirbel. Über die nassen Stämme balancierend, kletterte Ilja auf die Stauung, steckte die Heuschrecke auf den Haken und warf die Schnur dicht vors Ende des äußersten Baumstammes. Der kleine Strudel wirbelte den Köder herum und trug ihn zum fließenden Wasser. Ilja setzte sich bequemer. Im nächsten Augenblick zuckte die Angelschnur. Ilja riß sie hoch, aber zu spät. Die Heuschrecke war nicht mehr am Haken.

Ilja schimpfte halblaut vor sich hin und spießte die zweite Heuschrecke auf den Haken. Jetzt war er gespannteste Aufmerksamkeit. Als ein dunkler Streifen unter dem Stamm auf den Köder zuschoß und das Wasser aufschäumte, zog er blitzschnell an. Die Äsche fuhr in die Tiefe, saß jedoch schon am Haken. Ilja zog sie heraus und sagte befriedigt: »Hast mich einmal angeschmiert, das reicht«, überzeugt, daß gerade dieser Fisch die erste Heuschrecke entführt hatte. Die Fische wollten nicht recht anbeißen. Das Donnern der aufeinanderprallenden Stämme verscheuchte sie. Aber für eine Fischsuppe reichte es schließlich doch.

Als die Sonne hoch am Himmel stand, kamen Döbel und Gründlinge in größeren Schwärmen. Ilja warf ihnen die restlichen Heuschrecken zu und wollte schon aufbrechen, als er Jungenstimmen auf der Insel hörte. Gewiß pflückten sie Johannisbeeren, folgerte er, griff nach der Weidenrute, auf die er Fische aufgereiht hatte, und schlich leise auf die Stimmen zu, um auszukundschaften, ob die Kinder allein oder mit Erwachsenen gekommen waren.

Die Jungen waren allein da. Sie stapften durch die Büsche und schlugen sich die Bäuche mit den saftigen Beeren voll. Afonja, der Sohn des Hegers, fuhr mit raschen, gierigen Händen durch die Zweige und warf die Beeren in ein altes Blechgeschirr. Die anderen hatten aus Weidenruten und Birkenrinde geflochtene Körbe mit. Ilja tauchte aus den Büschen, verbeugte sich übertrieben und sagte:

»Einen schönen guten Tag wünsch ich.«

Die Jungen ließen den Gruß unbeantwortet und musterten Ilja zaghaft. Für sie war er jetzt so was wie ein Räuber, für den ein Menschenleben keinen Nieser wert war. Nachdem Ilja der Stiefmutter den Hammer zu kosten gegeben hatte, galt er als ausgemachter Verbrecher. Tante Paraskowja hatte zwar protestiert: »Er ist kein Räuber! Ein unglückliches Waisenkind ist er. Wer beschützt ihn schon, wenn er nicht selbst für sich eintritt?«

Allein man hörte nicht sonderlich auf sie, und man mochte sie auch nicht recht wegen ihrer männlichen Derbheit und Geradlinigkeit.

Ilja warf die Rute mit den Äschen lässig ins Gras und fragte übergangslos: »Habt ihr was zu rauchen da?« und ergänzte verächtlich: »Ach, woher denn!«

In Schipitschicha gab es nur fünf Jungen – diese vier und Ilja. Er mochte sie nicht und raufte oft mit ihnen. Da die vier zur Schule gingen, verließen sie Schipitschicha im Herbst. Er beneidete sie, weil sie lernen durften und ein sorgloses Leben führten. Oft rempelte er sie völlig grundlos an und suchte Händel mit ihnen. Wie sollte man es ihm verdenken? Sie lernten lesen und schreiben, er dagegen hatte schon seit zwei Wintern nicht auf der Schulbank gesessen. Hatte die erste Klasse abgeschlossen und, wie Vater spöttisch sagte, »seine Wissenschaften ausstudiert«.

Diese Jungen faulenzten den ganzen Sommer, spielten und trieben Allotria, während er sich mit Mitja abgeben mußte. Ihre Mütter pflegten und hätschelten sie, er aber bekam Püffe und Knüffe von der Stiefmutter. Und keiner erzählte ihm was von der Schule, höchstens Wenja Chrapow, der ließ ihn wenigstens mal in ein Schulbuch hineinschauen. Würde er selbst je darum bitten? Nicht ums Verrecken! Gelegentlich hänselten ihn die Jungen aus sicherer Entfernung, indem sie ihn Amme und Rotzwischer schimpften. Eine Waise trägt nämlich mehr Spitznamen als Hemden ab. Bloß was taugten diese verhätschelten Muttersöhnchen, wenn Ilja mit ihnen um die Wette lief, angelte, Beeren suchte, Holz sägte, Gemüsebeete umgrub oder ruderte? Ilja konnte einfach alles, aber Ehre heimste er damit nicht ein, höchstens einen neuen Spitznamen. Und jetzt nannten sie ihn Räuber. Meinetwegen, sagte er sich, wennschon. Am liebsten würde er ihnen gleich beweisen, was für einer er war. Und zwar mit den Fäusten.

Aber diese Muttersöhnchen wollte er gar nicht erst anrühren. Er brauchte ein Kochgeschirr und begann das Manöver auf Umwegen.

»Na, wie geht's?«

»Nicht schlecht, macht sich«, antwortete Wenja Chrapow unsicher. »Bist du ganz allein . . . im Wald?«

»Klar. Wen brauch ich noch?« Ilja wölbte die Brust selbstbewußt vor und griff in die Tasche, als wolle er den Tabaksbeutel herausholen. Aber er hatte weder Beutel noch Tabak. Nachdem er ein bißchen mit den Streichhölzern in der Tasche gespielt hatte, sagte er enttäuscht: »Ihr habt also keinen Tabak da?«

Eine Weile blieb es still. Die Jungen blickten neidisch auf Iljas Fang. Der feiste Afonja holte indes Beeren aus seinem Blechgeschirr, steckte die grünen in den Mund und warf die reifen zurück.

»He, oller Taigaläufer, vielleicht spendierst du mir dein Kochgeschirr, wie?«

Afonja sperrte den Mund verständnislos auf, nachdem er jedoch verstanden hatte, versteckte er den Topf hinter dem Rücken.

»Hab nämlich nichts zum Abkochen da.«

Die anderen versuchten Afonja zu überreden, um Ilja loszuwerden. Wenja griff sogar schon nach dem Topfhenkel, aber Afonja wollte sich nicht von dem guten Stück trennen.

»Den brauchen wir selber.«

Ilja mißfiel Afonjas feistes Gesicht. Nicht nur, weil es feist war, sondern auch darum, weil Ilja oft genug beim Heger hatte ausmisten müssen – für Kartoffeln. Häufig hatte er das Pferd gestriegelt und zur Tränke geführt, und als Afonjas Mutter im Winter krank lag, hatte er sogar Wasser in riesigen Eimern geschleppt, deren Last ihn zu Boden zog. Die Stiefmutter hatte es befohlen, des Lohnes wegen. Und jetzt mußte er sich wieder erniedrigen und um das Kochgeschirr betteln.

»Na, dann eben nicht! Mach aber, daß du wegkommst von meiner Insel! Schieb ab!«

»Die Insel ist sowjetisch und nicht deine«, brummte Afonja, »ich sag's Vater, dann jagt er dich von hier weg.«

»So-wje-tisch!« äffte Ilja den anderen nach und packte ihn am Schlafittchen. »Werde dir gleich mal dein ›sowjetisch‹ zeigen! Mir gehört sie, kapiert?« Und er stieß Afonja zurück. Der stolperte über einen Baumstumpf, verschüttete die Beeren und keifte:

»Wart's nur ab, du Bluthund, du verfluchter Rotzwischer!«

Anfänglich hatte sich Ilja mit Afonja nicht anlegen, ihn gar nicht hinwerfen wollen, aber jetzt brauste er auf, trampelte auf den Beeren herum und schrie:

»Da! Da! Geh, beschwer dich, du Aas! Und nachher schlag ich dir dafür die Zähne einzeln aus! Geh doch zu Papa und Mama! Ich spucke auf sie. Deinem Vater knall ich mit dem Gewehr eins vor den Latz. Merk dir das!«

Die Kinder rannten eilig davon, Ilja aber wütete weiter:

»Mir ist jetzt schon alles egal, ich bringe jeden um!«

Ein Gewehr hatte er nicht, so daß er niemanden hätte umbringen können. Nachdem die Jungen verschwunden waren, ging ihm allmählich auf, daß er mit seinem Wutausbruch nichts erreicht hatte. Der Heger würde herkommen, ihn festnehmen und ins Zuchthaus oder sonstwohin stecken.

Aber das Kroppzeug hatte er eingeschüchtert, denen hatte er's gegeben. Jetzt wußten sie wenigstens, mit wem sie's zu tun hatten. Waren abgehauen, sonst hätte er sie allesamt verdroschen. Wenn ihr nicht mal so ein jämmerliches Kochgeschirr hergeben wollt, dann könnt ihr eine Tracht Prügel beziehen, die sich gewaschen hat. Das Blechgeschirr war ja bloß ein Dreck. Keine drei Kopeken war das Ding wert. Andererseits hatte Ilja nicht mal eins für zwei Kopeken und mußte den Fisch notgedrungen wieder am Spieß braten. Und das war beileibe kein Vergnügen. Die Äschen fielen auseinander, von der Seite brannten sie an, der Rücken dagegen blieb roh und schmeckte bitter nach Rauch. Dabei war der Rücken der fleischigste Teil und am schmackhaftesten.

Ilja hopste am Feuer herum, drehte das Gesicht weg und verkniff die Augen. Plötzlich hörte er raschelnde Schritte im Gras.

Er erstarrte. War's tatsächlich Afonjas Vater?

Ilja blickte über die Schulter. Auf der Wiese stand Wenja und hielt ihm aus einiger Entfernung ein verbeultes Kochgeschirr hin, das Ilja sofort erkannte. Vor langer Zeit hatte es Vater mitgebracht, sonderbarerweise nannte er's Feldgeschirr. Offenbar auf städtische Art.

»Für dich, Ilja!« rief Wenja. Er stellte den Topf ins Wiesengras und wollte wieder gehen.

»So warte doch!« Ilja winkte ihm heftig zu, ließ die halbgare Äsche über dem Feuer und rannte auf Wenja zu. »Hab ich dich denn je angerührt?«

»Dreimal sogar.«

»Na, dann hattest du's eben verdient, aber jetzt tu ich dir nichts. Wo hast du den Topf her?«

»Von deiner Stiefmutter.«

»Der Stiefmutter?«

»Ja doch.«

»Schwindel nicht.«

»Warum sollte ich? Hab zu Hause erzählt, daß du den Afonja vermöbelt hast, Tante Nastja war grad bei uns, da ist sie weggegangen und hat gleich das Kochgeschirr mitgebracht, aber nichts weiter gesagt. Hergeschickt hat mich meine Mutter.«

Ilja drehte den Topf in den Händen, sah hinein, roch daran und fragte:

»Was macht Mitja?«

»Krabbelt auf der Straße rum und ruft nach dir. Die Pascha gibt sich mit ihm ab, wenn Tante Nastja sie drum bittet.«

»Aha!« Was das Aha bedeutete, wüßten weder Wenja noch Ilja selbst zu sagen.

»Na schön«, erklärte Ilja mit einem gedehnten Seufzer. »Sollen sie nur machen, mal sehen, wie sie ohne mich zurechtkommen.«

»Willst du lange hierbleiben?«

»Von mir aus das ganze Leben.«

»Sogar im Winter?« Wenja fielen die Augen fast aus dem Kopf.

»Ja, warum nicht?« Ilja dachte nach und fuhr dann weniger überzeugt fort: »Im Winter ist's natürlich lausekalt. Nein, im Winter bleibe ich nicht hier. Zieh eben fort. Zu den Großeltern. Geh einfach über die Berge.«

»Ganz allein?«

»Klar.«

»Ist doch mächtig weit weg. Verirrst dich noch.«

»Das ist grad der Haken dabei, daß man sich leicht verirren kann, sonst wär ich ja schon längst los.«

Wenja betrachtete Ilja mit ehrfürchtiger Scheu. Er druckste ein bißchen und fragte schließlich:

»Brauchst du vielleicht Tabak? Ich könnte dir ja welchen im Garten pflücken.«

»I wo, das hab ich bloß aus Angabe gesagt«, gestand Ilja und schlug nun seinerseits vor: »Wollen wir zusammen eine Fischsuppe kochen?«

»Das wär fein.«

»Na, dann los.«

Die beiden begannen am Feuer zu hantieren, dann löffelten sie die duftende Fischsuppe. Die Löffel hatte Ilja aus Birkenborke geschnitzt.

Wenja gefiel Iljas Leben, er sagte:

»Wunderbar hast du's.«

»Ja, 'ne richtige Fettlebe«, erwiderte Ilja unbekümmert,

sah Wenja an und ergänzte überraschend: »Aber daheim ist's trotzdem schöner.«

Als Wenja nach Hause aufbrach, bestand Ilja darauf, ihn zu begleiten.

»Komm mich wieder besuchen, ja? Brauchst keine Bange zu haben. Bring das nächste Mal ein Bilderbuch mit.« Er wollte es möglichst schnoddrig sagen, allein es klang recht niedergeschlagen.

Wenja versprach wiederzukommen.

Doch sie sollten sich nicht mehr wiedersehen.

Die Stiefmutter

Ilja lag in der Hütte und dachte an die Stiefmutter. Ihm war inzwischen klargeworden, daß die beiden Brote, die gut sichtbar auf dem Tisch gelegen hatten, das Salz, der Beutel Zucker, daß all das eigens bereitgelegt worden war.

Die Stiefmutter hätte doch das Fenster verschließen und das Zimmer absperren können, obwohl die Häuser in Schipitschicha nie zugesperrt wurden. Ein Schloß hatte Nastja wohl, mit einem Schlüssel an einem Läppchen. Aber nein, sie hatte nicht zugemacht und außerdem den Topf hergegeben. Ach, aus diesen Erwachsenen wurde man nie schlau.

Ilja vertiefte sich in seine Betrachtungen und ließ den vergangenen Winter im Geist an sich vorüberziehen, den schwersten Winter in seinem Leben. Aber war es denn nur für ihn ein schwerer Winter gewesen? Die Stiefmutter hatte es noch schwerer gehabt. Sonderbar, noch nie hatten sie sich so gut verstanden wie damals.

Vater war schon im Dezember in die Stadt gefahren und ins Krankenhaus gekommen. Drei Monate lang hatten sie sich ohne ihn durchgeschlagen – er, der Stiefsohn, die Stiefmutter und Mitja. Geld hatten sie nicht, auch kein Scheit Brennholz. Ein Sack Kartoffeln, ein Huhn, ein Hahn und eine gepökelte Elchkeule – das war ihr ganzes Vermögen. Mitja war damals drei Monate alt. Er stupste gegen Nastjas schlaffe Brust und biß dabei so kräftig mit seinen zahnlosen Kiefern zu, daß Nastja jedesmal aufschrie. Alle Nächte hindurch brüllte er nach Milch. Die Stiefmutter trank Wasser, damit sich wenigstens etwas Milch in der Brust sammelte. Ilja verdingte sich beim Heger, einem ehemaligen Kulaken, der sich rechtzeitig aus dem Staub gemacht und hier in den Wäldern Zuflucht gefunden hatte, und hielt ihm den Hof in Ordnung. Für seine Arbeit bekam er Kartoffeln oder ein Maß gefrorener Milch.

Ilja ließ die Milch in einer Tasse auf dem Herd tauen. Die Milch schmolz von unten, wurde allmählich brüchig und porös. Er stippte mit dem Finger von oben auf die hochquellende Milch, damit sie rascher schmolz, und leckte die fette, süße Sahne vom Finger.

Die Stiefmutter tat, als merke sie nichts. Sie verdünnte die Milch mit heißem Wasser und trank, trank immerfort, damit der Kleine sich satt saugen konnte. Ilja würgte trockene Kartoffeln hinunter. Die Stiefmutter ließ ein wenig Milch übrig und schob ihm wortlos den Becher hin. Mit Überwindung drehte sich Ilja von der Milch weg und ließ im gemessenen Tonfall des überlegenen, verständnisvollen Mannes fallen:

»Nicht doch, trink selber, Mitja saugt dir doch alles weg.«

Die Stiefmutter magerte ab und wurde dürr und knochig. An ihrem Hals traten die Sehnen hervor, unter die Augen legten sich dunkle Schatten. Als Zusatznahrung bekam Mitja jetzt noch etwas Quetschkartoffeln. Der Kleine quengelte, spie die Kartoffeln aus, ließ die Stiefmutter nicht schlafen.

Mühsam hob Ilja den Kopf vom Kissen, trennte sich von der Bettwärme, stand auf, griff nach der Windel, mit der Nastja die Wiege schaukelte, und sagte mit schlafheiserer Stimme:

»Leg dich hin, schlaf ein bißchen.«

Draußen krachte der Frost, durchs vereiste Küchenfenster fiel splittriges Mondlicht. Ilja lief hinaus, um seine Notdurft zu verrichten, hörte die durchfrosteten Häuser von Schipitschicha knarren und sah den Rauch in steilen Säulen aus den Schornsteinen aufsteigen. Nur der Schornstein der Werstakows rauchte nicht. Das Holz war knapp, den Ofen konnte sie nur zweimal heizen: morgens und abends, manchmal auch nur einmal. Als hätten sich weiße Hasen in ihrer Behausung niedergelassen, nistete Rauhreif unter dem Fenster und in den Ecken. Dunkel war's in der Stube der Werstakows. Sie hatten kein Petroleum, keine Nahrungsmittel und jeweils nur für eine Nacht Brennholz. Noch gut, wenn es bis zum Morgengrauen reichte.

In der Frühe fuhr Ilja in Vaters Halbpelz und schnallte den Gürtel um. Die Stiefmutter steckte ihm die Axt hinter den Gürtel, band ihm ein Handtuch um den Hals, krempelte ihm die Pelzärmel hoch, und dann brach er nach Brennholz auf. Vorneweg, den dünnen Schwanz stolz zur Rute gebogen, trabte der kleine Welpe Osman. Das Hündchen beschnüffelte jede Spur. Seine Mutter war eine berühmte Eskimohündin gewesen. Obwohl ihre Mahlzeiten dürftig waren, gaben sie ihn nicht weg.

Ilja schlug dünne, dürre Espen um und trat mit zwei Stämmchen unter den Armen den Rückzug an, die Espenzweige ließ er hinter sich her über den Schnee schleifen. Aus seinem ächzenden Mund wolkte Dampf.

Einmal entdeckte er eine kleine verdorrte Lärche und beschloß, sie zu fällen. Eine Lärche ist ganz was anderes als eine Espe, ihr Holz brennt lichterloh und spendet mehr Wärme.

Ich haue sie um, zerhacke sie in Stücke und schleppe sie nach und nach weg, beschloß der Junge.

Allein die angeschlagene Lärche kippte auf eine Birke und blieb in den Ästen hängen. Ilja mochte rütteln, mit dem Axtnacken zuschlagen und fluchen – der Baum rührte sich nicht. Er hätte aufgeben können, aber er war verbissen und begann nun die Birke zu fällen. Unablässig schwang er die Axt, bis die froststarre Birke plötzlich knackte und dann gab es einen Knall, als würde ein Schuß abgefeuert, die dürre Lärche kam ins Rutschen und schmetterte Ilja mit voller Wucht gegen den Kopf. Dem Jungen wurde es dunkel vor Augen, der Wald drehte sich und sackte weg.

Als er zu sich kam, lag er im Schnee. Osman beleckte sein Gesicht. Ilja fuhr sich mit der Hand übers Gesicht – es war blutig. Er sah sich um: Winzige rote Tröpfchen leuchteten im Schnee. Der Junge begriff nicht gleich, was geschehen war. Der Stamm war ihm auf den Kopf gestürzt und Blut aus der Nase gespritzt.

Ilja rappelte sich auf. Sein Kopf dröhnte, Funken stoben vor seinen Augen. Er wankte nach Hause.

Die Stiefmutter erschrak bei seinem Anblick. Sie steckte ihn ins Bett, machte ihm Umschläge und jammerte, ihre Angst niederringend:

»Wenn du doch im Krankenhaus verrecken würdest, Mann! Wenn sie dir statt der Arznei Gift geben würden! Hast uns im Stich gelassen! Hast meine Jugend zugrunde gerichtet! Deine Kinder hast du zugrunde gerichtet!«

Ihre Jugend bejammerte die Stiefmutter oft und gern. Für Ilja war das nichts Neues. Aber diesmal jammerte sie irgendwie anders als sonst, sie tat ihm plötzlich leid, und selbst tat er sich auch leid. Tatsächlich, Nastjas Leben war wenig beneidenswert. Sie war nur um neun Jahre älter als Ilja. Was war das schon für eine Mutter? Die Leute sagten, Vater hätte so eine nicht nehmen sollen, und Nastja hätte keinen mit Kind heiraten dürfen. Alles lief bei ihnen verkehrt, nicht wie in anderen Familien, so ging es Ilja im Kopf herum, während ihn das Fieber schüttelte. Offenbar hatte er lange im Schnee gelegen und sich eine Erkältung geholt.

In der Stube wurde es voll, es fanden sich immer mehr Leute ein, die meisten waren Holzfäller. Sie fühlten Ilja die Stirn. Der Vorarbeiter der Holzfäller, den man Brigadier nannte, erklärte besonnen:

»Das Jungchen wird schon wieder gesund, aber Wärme braucht er.« Und ordnete an, für die notleidende Familie Brennholz anzuliefern.

Nach kurzer Beratung brachten die Holzfäller vier Armvoll Holz. Tante Paraskowja flößte Ilja eine Medizin ein und machte sich daran, den Ofen tüchtig einzuheizen.

Sie benahm sich bei den Werstakows, als sei sie die Frau des Hauses, wirtschaftete und hantierte, und in der Stube wurde es gleich hell und freundlich. Die Stiefmutter schwieg kleinlaut und half Tante Paraskowja eifrig, in der eigenen Wohnung Ordnung zu schaffen.

Die Wärme wirkte so wohltuend auf Ilja, daß er schon am nächsten Morgen mit dem Brüderchen Mitja spielen konnte.

Noch Wochen danach litt Ilja an Schwindelanfällen. Aber über Mangel an Brennholz brauchten sie nicht mehr zu klagen. Allwöchentlich fuhren ihnen die Holzfäller trockenes Lärchen- und Fichtenholz vors Haus. Mit der Ernährung dagegen stand es nach wie vor schlecht, und als Ilja wieder auf den Beinen war, verfiel er auf den Gedanken, eine Falle herzurichten. Er band eine Schnur an einen Stock, mit dem er einen ausgedienten Holztrog abstützte, unter den schräg stehenden Trog streute er Brotkrumen und Hafer, den er heimlich aus den Pferdekrippen stibitzte. Die Schnur zog er durchs Klappfensterchen in die Stube, setzte sich ans Fenster und ließ kein Auge von der Falle.

Es war ein strenger Winter. Die hungrigen Vögel sammelten sich unter dem Trog. Ilja riß an der Schnur und rannte sogleich hinaus. Unter dem Trog holte er die kleinen warmen Vögel hervor. Ihre Herzen schlugen in zukkenden Stößen. Ohne lange zu überlegen, drehte er ihnen die Hälse um, nahm sie aus und kochte Suppe. Ohne Kopf und Gefieder waren die Vögel nicht größer als Flaschenkorken. Aber aus dem Kochtopf stieg trotzdem Fleischduft, und oben schwammen Fettaugen.

Einmal sah Tante Paraskowja, wie Ilja sich der Vögel unterm Trog bemächtigte, erriet den Grund und schrie:

»Laß das sein! Hör sofort auf! Laß die Vögel frei, sag ich dir!«

Folgsam öffnete Ilja die Fäuste, ließ die arg zerdrückten Vögel frei und senkte schuldbewußt den Blick. Tante Paraskowja warf den Trog aufs Gemüsefeld, nahm Ilja die Schnur weg, wollte ihm die Hosen strammziehen, aber als sie sah, wie mager das Bürschlein war und wie zerknirscht, sanken ihr die Hände herab.

»Vögel darf man nicht umbringen, tu das nie wieder. Sie sind doch auch hungrig.« Sie verstummte und fuhr dann mit einem schweren Seufzer fort: »Na, ihr seid mir eine Sippschaft! Was fängt man bloß mit euch an?« Damit gab sie ihm die Schnur zurück und sagte, Nastja solle bei ihr vorbeikommen.

Am selben Tag noch vermittelte Tante Paraskowja Nastja eine Arbeit: die Wäsche der Holzfäller waschen und in ihrer Baracke aufräumen. Dafür bekam Nastja einen kleinen Lohn, vor allem aber Mehl, Graupen, Nudeln und Seife.

Einmal wurden in einer Stube Schaben ausgefroren. Eine Unmenge von Spatzen und Meisen flog hinein. Ilja schlug die Tür zu. Die gefangenen Vögel flatterten gegen die Fensterscheiben wie Fliegen. Er brauchte nur mit einem Knüppel zuzuschlagen und seine Beute aufzusammeln. Ilja überlegte lange, dann stieß er die Tür wieder auf.

Hin und wieder bat ihn Tante Paraskowja, für sie den Telefondienst zu übernehmen, und setzte ihm für die Gefälligkeit einen Happen vor. Sie registrierte die Holzlieferungen und war zugleich als Telefonistin eingestellt, aber tagsüber am Telefon zu sitzen, fehlte ihr die Zeit. Vielleicht war das aber nur ein Vorwand, denn umsonst hätte Ilja von keinem was angenommen.

Das Kontor befand sich im Nebenzimmer. Ilja betrachtete die glänzenden Glöckchen des Apparats und wartete ebenso interessiert wie ungeduldig darauf, daß er läuten würde. Aber tagsüber wurde selten angerufen.

Der Vorarbeiter gab Ilja ein Buch, damit er sich nicht langweilte. Hier im Kontor las Ilja sein erstes Buch, und zwar über Robinson Crusoe. Das Buch war zerfledert, es fehlten Seiten, so auch der Schluß, nichtsdestoweniger las Ilja täglich darin, bewegte die Lippen dabei, und als der Winter vorüber war, hatte er das Buch bewältigt.

Als die Holzfäller im Frühjahr das Revier verließen, schenkten sie ihm das Buch. Ilja las es noch einmal, aber Mitja bekam es zu fassen und machte ihm den Garaus. Schade drum.

Ja, damals ging es ihnen schon besser. Es half Tante Paraskowja, und die Holzfäller, eigentlich doch wildfremde Menschen, halfen auch und ließen sie nicht umkommen. Sonst wäre es um die Familie Werstakow bestimmt geschehen gewesen. Denn zu dem Zeitpunkt, als Ilja den Unfall erlitt (jeder Nachteil hat auch seinen Vorteil), hatten sie schon das Huhn aufgegessen, weil Osman dem Hahn den Kopf abgebissen hatte und das Huhn sich ohne den Hahn grämte. Vielleicht grämte es sich nicht so sehr, aber Ilja und die Stiefmutter redeten sich das ein und aßen das Huhn auf. Die Kartoffen waren auch alle und die Elchkeule ebenfalls, und der Heger, namentlich aber seine Frau und die Mutter stellten unverschämte Forderungen.

Anfang März kehrte der Vater zurück. Er guckte sich in der Stube um, die ziemlich dunkel war, weil das Fenster mit dem Läufer verhängt war, schaute kurz in den verwaisten Hühnerstall, ließ den Blick über den in alte Lappen gewickelten Mitja gleiten und äußerte achselzukkend:

»Konnte mir ja denken, daß ihr ohne mich abkratzt. Ihr seid doch zu nichts nütze.«

Der Stiefmutter verschlug die Kränkung die Sprache, sie begann haltlos zu schluchzen. Ilja ballte die Fäuste. Es gab eine stürmische Auseinandersetzung zwischen den Eltern, an der sich Ilja zum erstenmal beteiligte. Gemeinsam mit der Stiefmutter ging er mit erhobenen Fäusten auf den Vater los.

Vater nahm ein wenig von den knappen Lebensmitteln mit und begab sich mit dem Gewehr zu einer Bärenhöhle, die er schon im Herbst ausgemacht hatte, und brachte ein Stück Bärenfleisch im Sack mit. Am nächsten Tag fuhr er mit dem Heger in den Wald und brachte das restliche Fleisch.

Nun ging es wieder bergauf. Ilja aß gebratenes, geschmortes und gekochtes Bärenfleisch, seine Muskeln wurden rund und hart wie Kiesel.

Der fürchterliche Winter war überstanden. Aber besser Hunger und Kälte leiden und in Eintracht leben. Sie hatten doch alles miteinander geteilt, jedes Krümchen. Er wußte noch, zu Neujahr gab es nichts zu beißen im Haus, nur Kartoffeln. Sonderbarerweise ging die Stiefmutter abends zum Heger und brachte einen Quarkkuchen mit.

Ilja erriet, sie hatte ihn gestohlen.

Die Frau des Hegers pflegte die aus dem Ofen genommenen Kuchenbleche auf die Bank vor der Tür zu stellen. Im Vorbeigehen konnte man sich unbemerkt einen Kuchen schnappen. Ebendas hatte die Stiefmutter getan und Ilja den Kuchen gegeben. Damit der Junge auch einmal eine Leckerei zum Feiertag bekam.

Die Mutter

Warum hatte sich die Stiefmutter aber dann so verändert?

Offenbar hatte sie einen Fehler gemacht, ihre Jugend falsch genutzt und wütete jetzt, wobei sie, wenn Vater nicht zu Hause war, ihren Ärger an Ilja ausließ. Kehrte Vater heim, so gab es erst recht Krach, und das Leben wurde noch unerträglicher. Stiefmutter und Vater zankten und beschimpften sich, und Ilja fühlte sich irgendwie schuldig und überflüssig. Jeder Krach endete mit einer wüsten Schlägerei, und einmal schlug Vater Nastja ganz fürchterlich zusammen. Nun ja, das Gericht war weit weg, sonst hätte man ihn unweigerlich ins Gefängnis gesteckt.

Tja, bei den Großen war alles kompliziert und unverständlich. Warum schwärzte Nastja beispielsweise die verstorbene Mutter immer an? Mutter war vor langer Zeit ertrunken, ihr Grab längst mit Unkraut überwuchert, aber die Stiefmutter gönnte ihr nicht die Ruhe. Und das ertrug Ilja nicht. Kränkte man ihn, so ließ sich das noch verschmerzen, aber die Mutter?

Nein, nie und nimmer läßt er das zu. Mit dem Hammer, der Axt, egal, was ihm zwischen die Finger gerät, schlägt er zu und schützt das Teuerste, was sein Herz bewahrt. Rühr es nicht an! Das geb ich nicht her! Das ist meins. Mehr als das habe ich nicht.

Ilja träumte gern von der Mutter. Er hatte sie nur noch undeutlich in Erinnerung, in seinen Träumen sah er sie jedesmal anders. Allein an jenen ganz besonderen Tag und an den Walderdbeerduft würde er sich sein Leben lang erinnern. Wenn er die Augen schloß, zogen die Ereignisse dieses Tages mit allen Einzelheiten an ihm vorüber, und der Walderdbeerduft hüllte ihn von allen Seiten ein.

An dem Tag, bevor die Mutter für immer von ihm gegangen war, waren sie am Steilufer Erdbeeren suchen. Die Mutter sagte, Ilja solle sich Mühe geben und einen vollen Krug Erdbeeren sammeln. Dann würde sie zur Stadt rudern und Vater die Erdbeeren bringen. Er saß damals im Gefängnis, Ilja wurde allerdings gesagt, er sei im Krankenhaus. Auf dem Heimweg kroch ihnen eine schwarze Schlange über den Weg. Die Mutter drückte Ilja an sich und murmelte hinter der sich langsam davonschlängelnden Natter her: »Allmächtiger! Ein übles Zeichen!«

Sie gingen spät zu Bett, die ganze Nacht duftete es in der Stube nach Walderdbeeren.

Am frühen Morgen, jawohl, es war noch ganz früh, weckte sie ihn. Ilja war noch schlaftrunken, darum konnte er sich auch nicht an Mutters Gesicht erinnern, er bekam die Augen nicht richtig auf. In dieser Hergottsfrühe, als das bläuliche Frühlicht gerade erst durch die Ritzen der Fensterladen sickerte, beugte sich Mutter über ihn und rief: »Jungchen!« Mühsam öffnete er die Lider und umschlang ihren Hals mit heißen Händen. Als fühlte die Frau, die keine Zärtlichkeit gewohnt war, daß das ein Abschied für immer war, preßte sie den Sohn an sich, sah ihm in die Augen und bedeckte seine Wangen, die Nase, das Ohr mit gierigen Küssen. Dann wurde sie wieder nüchtern. »Was ist bloß in mich gefahren?« murmelte sie und zupfte das Kopftuch zurecht. »Na, geh, sperr die Tür hinter mir zu und schlaf weiter, ich rudere los und bringe Vater unser Geschenk.«

Draußen, im morgenkühlen Flur, schulterte sie das duftende Bündel. Sie küßte den Jungen noch einmal. Auch ihre Lippen dufteten nach Erdbeeren.

Ilja kehrte ins Haus zurück und schlüpfte ins warme Bett. Ihm schien, er habe gerade erst die Augen geschlossen, als an die Tür gehämmert wurde. Ilja fuhr hoch, sah sich um. Draußen erklang die heisere, geborstene Stimme der Großmutter:

»Iljenka ...! Iljuschka!«

Ilja riegelte auf, die Großmutter fiel mit verzerrtem Mund und zerrauftem Haar vor ihm nieder, faßte kraftlos nach seinen Knien, wollte etwas sagen, brachte jedoch nur heraus:

»Oh! Oh! Lisaweta-a! Lisaweta-a! Mein Täubchen!«

Ilja begriff nichts, und doch beengte es ihm die Brust, sein Atem stockte.

Die Nachbarn liefen zusammen. Die Großmutter wurde weggebracht, man spritzte ihr Wasser ins Gesicht und auf die Brust. Ilja kehrte ins Haus zurück und zog sich an. In der Stube hing immer noch der Duft von Walderdbeeren. Ilja äugte herum und entdeckte ein Glas Beeren auf dem Tisch. Mama hat sie für mich hingestellt, überlegte er und humpelte, erst ein Bein in der Hose, zum Tisch und begann, mit beiden Händen zufassend, gierig zu essen.

In den ersten Tagen spürte er keine Sehnsucht nach der Mutter. Den Tod vermochte er noch nicht zu begreifen. Es ging über seinen Verstand, daß Mutter nie mehr zurückkehren würde. Denn der Erdbeerduft, der Duft, den Mutter zurückgelassen, umgab ihn überall. Sie war weggefahren, würde aber bald heimkehren. Er mußte bloß warten.

Er wartete also. Schon hatte man die Mutter aus dem

Strom gefischt und mit einem Pferdewagen zurückgebracht. Trotzdem wartete er noch. Was ging ihn der bleiche, aufgeschwemmte Körper an, der unter dem Wetterdach lag? Man fürchtete sogar, Ilja heranzuführen. Freilich hatte er heimlich über den Zaun gespäht, aber weder Mitleid noch Schmerz empfunden, nur Grauen.

Nein, das konnte nicht wahr sein. Mama konnte nicht grauenerregend sein. All die weinenden Leute und Oma, die sich das Haar raufte, täuschten sich, Ilja allein täuschte sich nicht, weil nur er und kein anderer jenen Duft spürte.

Als Mutter zu Grabe getragen wurde und das Gejammer über den ganzen Friedhof schallte, redeten die Leute Ilja zu: »Wein doch, wein dich aus, das erleichtert«, aber er konnte keine einzige Träne aus den Augen pressen, wie sehr er sich auch mühte, es den Großen recht zu machen.

Er wartete. Wartete einen Monat, zwei Monate, dann wurde er still, fiel in sich zusammen, ging völlig verloren herum.

Der Sommer verblühte, und der kleine Junge begann zu begreifen.

Die Großmutter, die Ilja nicht an den Strom ließ, weil sie befürchtete, auch ihm könne etwas zustoßen, entdeckte ihn einmal nach langem Suchen auf dem Friedhof. Er stand am Grab der Mutter. Dicht am Kreuz war ein kleines Loch ins Erdreich gegraben, darin steckte ein dünner Stengel mit einem Sternchen inmitten weinroter Blätter.

Eine Erdbeerblüte.

Ilja schmiegte sich an die Großmutter und weinte lange und untröstlich. Erschüttert streichelte die Großmutter seinen Rücken und wiederholte ein um das andere Mal: »Was hast du, Kind, was ist denn? Beruhige dich, weine nicht« und fügte seufzend hinzu: »Wirst noch genug weinen müssen.«

Nun lag Ilja mit geschlossenen Augen in der Laubhütte, träumte, wie ihm schien, von der Mutter und spürte den süßen, beklemmenden Erdbeerduft. Allein er schlief nicht, zusammenfahrend vernahm er plötzlich Schritte. Er richtete sich auf, spähte durch den dreieckigen Einschlupf der Hütte und erblickte den Vater, der über die Wiesen herankam.

Im ersten Augenblick wußte Ilja nicht, wohin, er kam sich wie in einer Mausefalle vor, dann hatte er den rettenden Einfall, das Heu am anderen Hüttenende herauszurupfen. Der Vater näherte sich bereits der Feuerstelle. Ilja schlüpfte durchs Loch, kletterte auf allen vieren ins Freie, stürzte zum Wasserlauf und watete zur Insel hinüber. Drüben angekommen, arbeitete er sich durchs Dikkicht und warf sich flach auf die Erde.

Vor seiner Nase war eine Blüte, aus der ein Windhalmbüschel sproß. Es sah aus, als stiegen kleine Springbrunnen aus der Blüte, die in winzigen Rispen zersprühten. Er schob die Halme auseinander und lugte hinüber: Achselzuckend stand der Vater vor der Laubhütte. Ein sicheres Zeichen, daß er gereizt war. Dann stocherte er mit der Stiefelspitze in der Asche und lächelte spöttisch, offenbar hatte er die Glut entdeckt.

Vater war nicht groß, krummbeinig und sehr behend. Er war angetrunken, das verrieten seine Finger, die sich im stummen Selbstgespräch immerfort bewegten. Der Junge wußte: Wenn Vater so »fingerte«, hatte er einen sitzen. Einmal hatte Vater, als er ebenso angetrunken war, Ilja das Staken beibringen wollen. Allerdings hatte Ilja ihn schon mehrmals darum gebeten. Vater hatte es immer wieder versprochen und aufgeschoben, diesmal jedoch bedeutsam die Augen verkniffen und gesagt: »Na, mein Junge, nimm den Staken.«

Ilja hatte nach dem Staken gegriffen. Der Vater zeigte mit dem Finger zum anderen Ufer der Mara und fragte: »Siehst du den weißen Felsblock da drüben?« – »Ja«, antwortete der Junge. »Also, wenn du unterhalb des Felsblocks landest, zerdresche ich den Staken auf deinem Hintern. So, und jetzt los!« Damit stieß er das kleine, wendige Boot vom Ufer ab.

Natürlich wurde Ilja abgetrieben, so daß er weit unterhalb des Felsblocks landete. Die Mara mag keine Stümper. Der Junge saß am anderen Ufer fest und heulte los. Der Vater sprang in ein Boot und hielt auf ihn zu. Ilja erschrak und stakte zurück. Einen halben Tag jagte ihn der Vater von Ufer zu Ufer und brachte ihm auf diese Weise das Staken bei.

Wenn er betrunken war, prahlte er vor den anderen mit seiner »Lehrmethode«, Ilja mochte das nicht hören, in ihm kochte ständiger Ärger auf den Vater.

Die Leute erzählten, Vater hätte Mutter häufig furchtbar geprügelt, offenbar war das auch ein Grund, weshalb Ilja ihn haßte. Großmutter sagte Werstakow ins Gesicht hinein, daß die Mutter seinetwegen umgekommen sei. Hätte er nicht gesoffen und in der Mühle keine Schwindelgeschäfte gemacht, wäre er auf freiem Fuß geblieben. Er aber war ins Kittchen gekommen, und deswegen sei sie ertrunken. Statt der ihm aufgebrummten fünf Jahre hatte er zweieinhalb Jahre beim Bau des Belomorkanals abgebüßt und war vorfristig entlassen worden. Jetzt hatte Ilja aber keine Mutter mehr.

Der Vater stand eine Weile vor der Feuerstelle, ging dann um die Hütte herum, entdeckte wohl das Loch und bewegte sich aufs Ufer zu. Ilja drückte sich noch fester an die Erde und robbte ein Stück weg.

»Ilja-a!«

Der Junge gab keine Antwort.

»Ilja-a!« wiederholte der Vater und rief, als immer noch keine Antwort erfolgte: »Komm sofort nach Hause!«

Ilja schwieg.

»Hörst du nicht, kehr sofort nach Hause zurück!« verlangte der Vater erneut und fügte nach einer Pause hinzu: »Dir tut keiner was!«

Euch kenne ich! durchzuckte es Ilja. Jetzt tut ihr mir vielleicht nichts, aber nachher ...

»Daß du noch heute zu Hause bist!« warf der Vater im Weggehen hin.

Bis zum Einbruch der Dunkelheit blieb Ilja auf der Insel, er fürchtete, Vater würde zurückkommen. Erst in später Nacht watete er zur Hütte, vergrub sich im Heu, wachte jedoch, an allen Gliedern zitternd, immer wieder auf, bis der Morgen anbrach.

Die Begegnung mit den Flößern

Den Beutel mit Brot und Salz hatte Vater entweder übersehen oder geflissentlich dagelassen. Offenbar hatte er aber beides nicht bemerkt, denn sogar die Angelruten hatte er mitgenommen.

Ilja befestigte den Beutel am Gürtel, watete zur Insel, sammelte Johannisbeeren und aß sie mit Brot. Zu tun gab es nichts. Der Junge ging ans Ufer, setzte sich hin, lehnte sich an einen gekrümmten Weidenstamm und schlummerte wieder ein. Die Sonne war noch nicht hinter den Bergen aufgegangen, und schon bald bebte sein Körper vor Kälte. Er erwachte, rekelte sich und gähnte herzhaft. Dann sprang er mit einem Satz auf, hüpfte herum und schlug sich die Hände über Kreuz gegen die Oberarme. Um die morgendliche Stille abzuschütteln, die auf den Einsamen so bedrückend wirkt, brüllte er wütend:

»Lu-u-uder!«

Einmütig gaben die Berge zurück: »U-der-der-der!«

»Na also«, brummte der Junge.

Am anderen Ufer erhob sich auf einem Felsen eine gewaltige Lärche. Schräg von unten schossen die Strahlenbündel der Sonne schon in ihren Wipfel, sogleich sank das dünnfaserige Nebelgelock verschüchtert zum Fuß der

Berge herab, brodelte über dem Fluß und zog sich zu einem federleichten Streif auseinander.

Ilja wartete auf die Sonne. Allmählich erwachte sie jenseits des Gebirgspasses, und als sie schließlich über den Zacken der fernen Tannen hervorrollte, funkelte alles ringsum in leuchtendem Glanz. Die Stämme, die sich auf dem Wasser stauten, dampften. Die glattgeschliffenen Ufersteine wurden schnell trocken. Die Vögel schilpten und suchten in den fauligen Baumstrünken emsig nach Käfern und Insekten. Ein Erdhörnchen wischte vorüber, ein Fuchs schnürte zum Strom und grub ein Mauseloch frei, schnupperte, nieste enttäuscht und trottete weiter. Eine Krähe segelte tief übers Wasser, packte einen kleinen Fisch und kehrte zum Ufer zurück. Sie verspeiste die Beute, putzte sich den Schnabel an einem Stein und blieb nachdenklich sitzen. Mit drohendem Schrei strich ein Habicht von Ufer zu Ufer und ließ sich auf dem kahlen Ast eines dürren Baums nieder. Die kleineren Vögel wurden sogleich still und verharrten reglos. Oben kreiste ein Schreiadler und tauchte immer wieder hinter die Berge.

Ein neuer Tag mit seinen Mühen und Sorgen zog herauf.

Ilja kletterte auf die Stauung, wo er geangelt hatte, und streckte sich bäuchlings auf einem dicken Stamm aus. Die Sonne wärmte ihm wohlig den Kopf und die Schultern. Nach der unruhigen Nacht schlief er fest ein.

»Warum schläfst du, Bäuerlein, Frühling ist schon längst im Lande!« hörte er plötzlich über sich eine Stimme und hob den Kopf.

Vor ihm standen zwei Männer mit kurzen Flößerstangen. Der eine war ein junger blonder Krauskopf in einem Hemd mit offenem Kragen, es hatte den Anschein, als hätte jemand eine Handvoll Hobelspäne aufgerafft und ihm auf den Kopf gestreut. Eine tiefe Querfalte kerbte seine Stirn.

Der andere war alt. Ein welkes Gesicht, eine rote Nase,

nur die Lippen weich und freundlich. Er war es gewesen, der Ilja so munter mit der Verszeile geweckt hatte.

»Wirst wohl oder übel Platz machen müssen, Bruder«, meinte der alte Flößer gutmütig. »Wir nehmen nämlich gleich dein Bett auseinander und schaffen es zur Sägemühle.«

Wortlos stieg Ilja hinunter und setzte sich auf einen Steinblock. Die Flößer begannen die Stämme hinabzustoßen, ohne den Jungen weiter zu beachten. Zu Iljas Verwunderung beseitigten sie die Stauung schnell und spielend. Dann schulterten sie ihre Flößerstangen, stiegen hinunter und stießen die trockenen Stämme vom Ufer weg. Dabei schauten sie immer wieder dorthin, wo Schipitschicha lag. Offenbar erwarteten sie jemanden von dort.

»Bummeln aber lange, die Kerle!« schimpfte der Jüngere.

»Haben's nicht eilig, von den Leuten wegzukommen«, bestätigte der andere und schlug vor: »Wir können ja inzwischen eine rauchen.«

Die beiden ließen sich nicht weit von Ilja auf einem Stamm nieder und banden ihre Tabaksbeutel auf. Der Ältere stopfte sich eine gebogene Stummelpfeife, warf Ilja einen Blick zu, verschränkte die Arme über den Knien und sagte etwas zu dem Jüngeren. Der sah nun ebenfalls zu Ilja hinüber und winkte ihn zu sich heran. Ilja kam der Aufforderung nach. Der alte Flößer verkniff spöttisch die Augen und hielt ihm den Tabaksbeutel hin.

»Ich rauche nicht«, lehnte Ilja mit leicht belegter Stimme ab und räusperte sich.

»Wem seiner bist du, Jungchen?«

»Bin von hier.«

»Und warum schon so früh von zu Hause weg?«

»Bloß so.«

Das Gespräch wollte nicht in Gang kommen. Ilja wirkte niedergeschlagen, die schlaftrüben Augen sahen bedrückt drein. Der alte Flößer musterte ihn forschend.

Das abgetragene blaue Hemd, an dem die Knöpfe fehlten, die an den Knien zerrissene Hose, die zerkratzten Beine, das schon lange nicht geschnittene, ungekämmte Haar – nichts entging den scharfen Augen des Alten, in denen der Schalk lauerte.

»Zu wem gehörst du aber nun wirklich?« wiederholte er unerwartet.

Unwillig entgegnete Ilja:

»Was kümmert Sie das?« Den Blick auf einen schnell vorbeitreibenden Stamm geheftet, fügte er hinzu: »Zu niemandem.« Da er merkte, daß die Flößer mit dieser Antwort nichts anzufangen wußten, erläuterte er mit einem schwermütigen Lächeln: »Bin ein freier Kosake!«

»Was, was?«

»Ein freier Kosake, sage ich«, wiederholte Ilja und schloß erbittert: »Ein Vagabund!«

Damit geriet das Gespräch in Fluß. Widerstrebend, Wort für Wort begann der Junge zu erzählen. Durch die Aufmerksamkeit und die mitleidigen Blicke der Flößer ermuntert, sprach er immer ungehemmter und zutraulicher, ohne ihnen etwas zu verheimlichen.

»Natürlich, Familiendinge sind keine einfache Sache.« Ilja seufzte und wiederholte damit fremde Worte. »Aber jetzt bin ich mit meiner Geduld am Ende. Mir einen Scheuerlappen in die Fresse hauen? Was sagt man dazu? Damit könnte ich sogar vor den Dorfsowjet gehen. Bloß wo ist er, der Dorfsowjet? Gibt's nicht. Bei wem soll man sich beschweren? Keiner da. Haben mich hergeschleppt und treiben nun Schindluder mit mir. Da hab ich der Stiefmutter eben eins mit dem Hammer verpaßt. So weit haben sie mich getrieben! Noch gut, daß kein Gewehr im Hause war, sonst hätt es Mord und Totschlag gegeben. Die Tante Timofejicha sagt, ich bin sogar sehr gefährlich in meiner Wut für die Allgemeinheit. Bin nervös. Es gibt ja so 'ne Krankheit. Nervose heißt sie. Vater hat sich's im Krankenhaus sagen lassen. Er schiebt andauernd durch die Krankenhäuser, die Wälder und die Gefängnisse. Tja, wenn's doch umgekehrt wär, daß Vater ertrunken wäre und Mama wäre dageblieben! Oma sagt immer, ohne Vater wäre ich eine Halbwaise gewesen, ohne Mama aber bin ich 'ne Vollwaise.«

Die Flößer hörten zu, ohne ihn zu unterbrechen.

Der Jüngere hatte seine Selbstgedrehte schon so weit aufgeraucht, daß sie ihm die Lippen verbrannte, allein er schien es nicht zu fühlen und sog mit hastigen Zügen am Stummel. Immer schneller zuckte sein Augenlid. Ilja, der das bemerkte, überlegte, daß der junge Onkel wohl auch sehr nervös sei.

»Erzähl, erzähl weiter«, bat der ältere Flößer mit einem schweren Seufzer und hielt seinem Kumpel den Tabaksbeutel hin.

Ilja kam jedoch nicht dazu, weiterzuerzählen. Er wollte gerade berichten, daß der Vater ihm gestern alles weggenommen hatte, sogar den alten Mantel und die Angeln.

In dem Augenblick kam hinter der Insel ein Floß hervor, auf dem zwei Aufbauten standen: die eine lang wie eine Baracke, die andere klein wie eine Bude. Die Männer auf dem Floß arbeiteten emsig mit ihren Stangen, um ans Ufer zu steuern, an dem Ilja und die Flößer saßen. Der junge Flößer rannte zum Wasser und brüllte, die Hände wie einen Schalltrichter am Mund:

»He, legt unterhalb der Insel an!« Die Männer auf dem Floß hatten verstanden. Ärgerlich rief er ihnen zu: »Warum habt ihr euch so wenig Schlaf gegönnt?«

Aber das Floß war schon vorüber, vielleicht taten die Männer aber nur so, als hätten sie den Vorwurf nicht gehört. Ilja folgerte daraus, daß der Krauskopf ungeachtet seiner Jugend der Oberflößer sein müsse. Er kehrte zum Stamm zurück, auf dem Ilja und der Alte saßen, und fragte als erstes:

»Hast du heute schon gegessen?«

Der Junge nickte schweigend. Die Flößer wechselten

einen Blick. Ilja erriet, daß sie an seinen Worten zweifelten, und erklärte:

»Das Brot hat er dagelassen, er hat's nicht gesehn. Der Beutel liegt nämlich im Gebüsch versteckt.«

»Na, das ist was anderes«, meinte der alte Flößer und wandte sich an seinen Kumpel: »Was machen wir also, Trifon?«

Der Jüngere stieß seine Stange zornig ins Ufergeröll. Als er den Kopf hob, sah Ilja helle Wut in seinen Augen lodern.

»Ich geh gleich in die Siedlung und schlage seinem Herrn Vater die Schnauze voll. Wenn man schon ein Kind in die Welt setzt, soll man gefälligst für sein Fleisch und Blut sorgen.«

»Nein, bitte nicht!« Ilja sprang auf. »Da geh ich eher ins Wasser, als daß ich nach Hause zurückkehre.«

Der alte Flößer schlang den Arm um Ilja, zog ihn neben sich auf den Stamm nieder und strich ihm übers Haar. Ilja begann zu heulen, überwältigt von der ihm fremden Zärtlichkeit. Trifon saß mit zusammengebissenen Zähnen da, sein Lid zuckte wieder.

»Deine Großeltern wohnen also im Dorf Uwaly?« erkundigte sich der Ältere wie beiläufig.

Ilja nickte.

Man hörte Schritte übers Geröll knirschen. Vier Flößer kamen hintereinander an, die ersten zwei – baumstarke Burschen, denen die Ärmel der Segeltuchjacken nur bis zu den Ellbogen reichten – gingen nebeneinanderher. Etwas weiter hinten trottete, auf die Flößerstange gestützt, einer, der aussah, als würde er noch im Gehen schlafen. Unterlippe und Kiefer standen vor wie bei einer alten Frau. Ihn nach stelzte auf langen Beinen ein junger Flößer, die Stange unterm Arm wie eine Flinte im Anschlag, auf seinem pickligen Gesicht lag ein verträumtschwärmerisches Lächeln.

»Was bläst du denn Trübsal, Junge?« Es war einer der

beiden ersten, ein breitgesichtiger Hüne mit schmalen Augen und mongolisch vorspringenden Backenknochen, der die Frage gestellt hatte.

Trifon forderte die Männer mit einer Handbewegung zum Setzen auf und schilderte kurz Iljas Nöte. Die beiden baumlangen Flößer, die Trifon Brüder nannte, stießen einen derben Fluch aus und begannen zu paffen. Der verschlafene Flößer starrte Ilja mit blinzelnden Augen an. Der Langbeinige dagegen erklärte sorglos:

»Flößer entdecken Robinson!« Er drehte sich Trifon zu. »Stimmt's?« Ehe der einen Zweifel äußern konnte, machte er eine weit ausholende Gebärde. »Ist das vielleicht keine Insel? Na also! Sind das keine Wälder? Na bitte! Hand aufs Herz«, wandte er sich schnell an Ilja, »hast du Robinson Crusoe gelesen? Aha! Sehr schön. Was folgt daraus?«

Der junge Flößer gefiel Ilja auf den ersten Blick. Wenn er auch eine picklige Visage hat, dachte er, obendrein noch grau wie eine angegangene Quappe, so scheint er doch ein lustiger Vogel zu sein. Und lustige Menschen mochte Ilja über alles.

Er wischte sich die Tränen von den Wimpern und zwang sich ein Lächeln ab.

Der pickelhäutige Bursche schwatzte weiter, aber Trifon unterbrach ihn:

»Bist das reinste Maschinengewehr, Derikrup. Sag lieber, was wir mit dem Jungchen machen sollen?«

»Da fragst du noch?« entgegnete Derikrup erstaunt. »Sind wir Menschen? Klar doch. Haben wir diesen Robinson entdeckt? Unbestreitbar. Würden rechtschaffene Menschen einen Schiffbrüchigen allein auf einer Robinsoninsel zurücklassen?«

»Also abgemacht!« Trifon schlug sich auf den Schenkel.

Der alte Flößer zog Ilja an sich, seine Kumpel atmeten befreit auf und griffen wieder nach ihren Tabaksbeuteln. Aber Trifon fuhr dazwischen:

»Genug gequalmt! Die Sonne steht schon bald auf Mittag, und wir haben noch nichts geschafft. Onkel Roman«, wandte er sich an den alten Flößer, »du und die Brüder, ihr macht rüber zur anderen Seite. Derikrup und du, Bratpfanne, ihr kommt mit mir. Und du, Kleiner, wie heißt du eigentlich? Ilja? Du, Iljucha, gehst aufs Floß. Kannst du kochen? Schön. Vorerst bleibst du dort bei Jesulein.«

»Bei wem?«

»Bei Jesulein. So nennen wie einen von unsern Kumpeln. Laß dir aber ja nicht einfallen, ihn so zu nennen, sonst versohlt er dich. Er kocht das Mittagessen und macht Wache auf dem Floß. Das wär's, und jetzt an die Gewehre!«

Damit griff Trifon nach der Stange und machte sich daran, mit den anderen Flößern die Stämme ins Wasser zu stoßen, während Ilja mit den übrigen zum Floß ging. Er rannte nur noch schnell ins Gebüsch, holte seinen Brotbeutel und murmelte nach dem Wiederkommen verlegen:

»Das wären alle meine Siebensachen.«

»Wir besitzen auch nicht viel mehr«, tröstete ihn Onkel Roman.

Das Floß war an einem dicken Fichtenstamm vertäut. An der Barackenwand sah man ein vom Regen völlig verwaschenes Plakat. Genau erkennen konnte man nur noch zwei Wörter: »Vorwärts« und »Fünfjahrplan«, die übrigen ließen sich lediglich an den Streifen auf dem roten Tuch erraten. Am Barackengiebel war ein kurzer Mast mit einem rotgestrichenen Blechwimpel befestigt.

Am Ufer neben dem Floß brannte ein Feuer, an dem ein Mann mit schmalem Rücken und magerem Nacken hantierte, in dessen Mulde ein Rattenschwänzchen herabhing. Als er sich umdrehte, fielen Ilja fast die Augen aus dem Kopf. Erstaunlich, wie treffend manche Spitznamen waren! Oma besaß eine Ikone, auf der ein Heiliger abgebildet war – als hätte man den hier abgemalt. Ein schmales blasses Gesicht, eine spitze Nase, dünne, blutleere Lippen, mit Schwermutsfalten an den Mundwinkeln, und himmelblaue Augen. Bloß daß der Ikonenheilige große unschuldige Augen hatte, während ihn der hier aus kleinen, tiefliegenden Augen mißtrauisch anblickte.

»Wer ist denn das?«

»Ein kleiner Junge, siehst du's nicht?« knurrte Onkel Roman und machte das Boot vom Floß los. »Ein Waisenkind. Fährt mit uns bis Ust-Mara mit, von dort geht er zu seinen Großeltern nach Uwaly.«

»Aha, ein Nassauer«, folgerte Jesulein, aber Onkel Roman schickte ihm einen Blick zu, der ihn verstummen ließ. Daraufhin murmelte er: »Mir kann's ja egal sein, ich habe nicht zu bestimmen, wenn's die Vorgesetzten anordnen ... Bloß wenn er was klaut, was dann?«

»Quäk nicht!« brummte der eine der beiden Brüder und sah Jesulein von unten herauf finster an. Das linke Auge fehlte dem Hünen, das rechte blickte fest und ruhig. »Zeig dem Kleinen die Wirtschaft. Er löst dich ab, sein Brot wird er nicht umsonst essen wollen.«

Respektvoll sah Ilja dem Einäugigen nach und fühlte instinktiv, daß der Flößer ein sehr ernsthafter Mann sei. Sein Bruder folgte ihm ins Boot. Onkel Roman stieß ab, scheppernd fuhren die Stangen der Flößer gegen den steinigen Grund, und das Boot schoß zum anderen Ufer. Verärgert brummelte Jesulein in den Bart:

»Was stehst du rum? Pflück Lauch, schaff Brennholz ran. Glaubst wohl, du kannst hier den Schmarotzer spielen? In unserer Mannschaft sind Faulenzer nicht gefragt. Solche Leute frißt Trifon Letjaga roh.«

Ilja legte den Beutel ins Geröll und ging, ohne das Ende der Rede abzuwarten, am Ufer entlang, um Feldlauch zu suchen. Hab schließlich noch mein eignes Brot, dachte er gekränkt, schlimmstenfalls hungre ich eine Weile, wenn sie mich bloß nicht davonjagen und nach Ust-Mara mitnehmen.

Auf dem Floß

Die Flößer aßen zu Mittag. Ilja saß abseits.

»Warum läßt du die Nase hängen?« rief Jesulein. »Komm her, iß die Grütze mit.«

»Laß den Jungen zufrieden«, fuhr ihn Trifon an, »hast ihn gekränkt, jetzt laß ihm wenigstens seine Ruh.«

»Der braucht sich doch nicht so zu haben«, knurrte Jesulein und wischte sich die schweißfeuchte Nase mit dem Hemdzipfel ab. »Wenn ich ihm eine runtergehauen hätte . . ., aber so? Hab ihm doch nur ein Wort gesagt.«

»Ein Wort kann schlimmer verletzen als Ohrfeigen«, erklärte Trifon. »Eine Waise ist da besonders empfindlich, das weiß ich aus eigner Erfahrung.«

Ilja hörte nichts von dem Gespräch. Er tunkte seinen Brotkanten ins Wasser. Bemüht, nicht auf die rasch auf und ab fahrenden Löffel der Flößer zu sehen, kaute er langsam. Dann legte er sich auf den Bauch und trank Wasser nach. Ist der Wanst erst voll, kann ich länger durchhalten, sagte er sich.

Die Flößer waren fertig mit dem Essen. Ilja sammelte die Löffel in den Kessel und ging abwaschen. Die dünne Grütze, mit gebratenen Zwiebeln angerichtet, war angebrannt. Mit dem Messer schabte er das Angebrannte ab und schluckte den Speichel hinunter. Natürlich wäre es das beste, die angebrannte Kruste zu essen. Sie schmeckte bestimmt, aber das brachte er nicht über sich. Er mußte mit seiner eigenen Verpflegung auskommen.

Gründlinge und andere kleine Fische schossen herzu, anfangs wenige, dann ein ganzer Schwarm. Sie schnappten nach den angebrannten Krusten und zerrten gierig daran. Was für ein gefräßiges Kroppzeug! Ilja packte einen Stein und schleuderte ihn mitten in den geschäftigen Schwarm. Ein Gründling wurde gestreift und wirbelte, sich vom Bauch auf den Rücken und dann wieder auf den Bauch drehend, stromabwärts.

»Geschieht dir ganz recht! Seid nicht so verfressen!«

»Was soll ich zum Abendbrot kochen?« erkundigte er sich bei Trifon, nachdem er aufs Floß zurückgekehrt war.

»Wieder Grütze. Unser Proviant ist fast alle. Nichts mehr da außer Graupen. Die Barkasse aus Ust-Mara muß jeden Augenblick kommen. Inzwischen spachteln wir eben Grütze wie die Soldaten.«

»Onkel Trifon, haben Sie zufällig ein paar Blinker? Dann würde ich Äschen angeln und Fischsuppe kochen.«

»Blinker nicht, Iljuscha, bloß Haken. Aber wo willst du Äschen hernehmen?«

»Hier wimmelt's von Äschen.«

»Angeln will gekonnt sein, die Viecher gehen nicht jedem an den Köder.«

»Wenn ich Blinker hätte«, meinte Iljuscha und sagte nach kurzer Überlegung: »Schön, will's mal mit Würmern versuchen. Wo sind die Haken?«

Trifon zeigte ihm das Angelgerät. Die Ruten standen in der Bude, die zum Trocknen der Kleider bestimmt war. Ilja ging los, um nach Würmern zu graben und Heuschrecken zu fangen. Jesulein murrte: »Na, heute gibt's kein Abendbrot.«

Er hatte nicht die geringste Lust, zu arbeiten und die Stämme herumzuwuchten. Das Kochen wurde abwechselnd besorgt. Derjenige, der endlich Kochtag hatte, konnte sich nach Herzenslust ausschlafen und kümmerte sich am allerwenigsten darum, den anderen ein gutes Essen vorzusetzen. Da hatte Jesulein nun eine ganze Woche diesen gesegneten Tag herbeigesehnt und mußte rabatzen, statt sich auf der Schlafbank zu aalen. Die Flößer grinsten, und Derikrup meinte vielsagend, Jesulein mit blanken Augen fixierend:

»Das Bürschlein aus Schipitschicha ist nämlich ein hiesiger Robinson! Werdet euch wundern, was er anschleppt! Zum Abendbrot gibt's Austern. Stimmt's?«

»Blödmann!« raunzte der Koch Derikrup an und rief zu Ilja hinüber, um das letzte Wort zu behalten: »Paß bloß auf, wenn wir heute kein Essen kriegen!«

»Doch nicht deine Sorge«, knurrte Ilja, der im Gebüsch herumkroch. Der Kerl mit dem Ikonengesicht war ihm zuwider.

Es gab wenig Würmer, und die Heuschrecken flitzten wie wild durchs Gras. Endlich kehrte der Junge zum Floß zurück. Träge ringelte sich etwa ein Dutzend magerer Würmer in seiner Büchse.

In der verqualmten Baracke liefen breite Schlafbänke an der Wand entlang, aus dicken gespaltenen Balken zugehauen. Auf den Schlafbänken häufte sich zerdrücktes Heu. Im Heu lagen kunterbunt Kissen in speckigen Bezügen, Wettermäntel und Steppjacken. Am Kopfende waren Koffer und Säcke unters Heu geschoben. Nur in der Ecke waren ein Kissen und ein Kattunumhang statt eines Lakens säuberlich in eine alte Flickendecke eingeschlagen.

Das ist Jesuleins Bettzeug, erriet Ilja und schüttelte den Kopf. An der Wand sah er eine Petroleumlampe. Der Zylinder war völlig verrußt. Neben der Lampe hingen ein Abreißkalender mit dem Bild irgendeines Militärs auf Pappe und die Liste für den Barackendienst. Eine Unmenge Nägel war in die Wand eingeschlagen, über dem Ofen waren Eisenhaken angebracht. Den Boden bedeckten Zigarettenstummel, Zeitungsfetzen, Fischgräten und Heu. Nein, aus dem Angeln wird heute nichts, überlegte Ilja und suchte nach einem Besen.

Das sind vielleicht Schmutzfinken, dachte er.

Er kroch unter die nächste Schlafbank, fuhr aber sogleich mit einem Schreckensschrei zurück. Unter der Bank hockte etwas und funkelte ihn mit Glitzeraugen aus der Dunkelheit an. Ilja hob den Zylinder von der Lampe, entzündete den Docht und leuchtete vorsichtig unter die Bank, weil er befürchtete, die zwischen den Holzritzen durchhängenden Heubüschel könnten Feuer fangen. In der entfernten Ecke kauerte, zu einem Häufchen Elend geduckt, ein Hündchen und zitterte. Ilja lockte: »Töle! Töle! Komm! Komm!«

Das Hündchen ruckte mit dem kurzen Schwanz und kroch auf dem Bauch auf ihn zu. Die Rasse hätte er beim besten Willen nicht bestimmen können: ein weißes Fell, kurze Beine, eine Hasenrute, über der zottigen Schnauze erkannte man kaum die Äuglein hinter den greisenhaft langen Brauen, die breiten, ebenfalls greisenhaft anmutenden Lefzen zogen sich zu einem freundlichen Lächeln auseinander, das die kleinen gelblichen Zähne entblößte. Beim Anblick dieses komischen Geschöpfs hielt sich Ilja die Seiten vor Lachen. Wie eine flauschige Kugel rollte das Hündchen zur Schwelle, äugte achtsam nach allen Seiten und wedelte mit dem Schwanz.

»Ach so, jetzt weiß ich, vor wem du Angst hattest«, erriet Ilja und streichelte das Hündchen. »Jesulein ist weg, ist nicht da, der Giftzahn.«

Ilja band sich einen Besen aus Fichtenwedeln und räumte in der Baracke auf. Das Heu warf er in den Strom, die Kleidungsstücke klopfte er aus, den Kehricht fegte er zusammen. In der Trockenkammer fand er Lappen und Eimer, schöpfte Wasser, schruppte den Tisch, putzte das einzige Fenster und reinigte den Glaszylinder der Lampe. Erst danach kochte er die Grütze.

Als die Männer von der Arbeit kamen, rissen sie den Mund auf. Im ersten Augenblick waren sie sprachlos vor Staunen.

»Wie in der guten Stube! Stimmt's?« rief Derikrup ein ums andere Mal, kratzte sich dann aber nachdenklich hinterm Ohr. »Worauf wollen wir jetzt schlafen? Das Heu hat unser gehorsamster Diener rausgeschmissen!«

Ilja sagte den Männern, sie sollten zu seiner Laubhütte gehen und von dort frisches Heu für die Schlafbänke holen. Die Flößer murrten, aber Trifon Letjaga rief erzürnt:

»Ihr solltet euch vor dem Kleinen schämen!«

Es wurde mehr Heu angeschleppt als erforderlich. In der Baracke duftete es gleich nach Frische. Der muffige Geruch wurde durch das Gras verdrängt.

Die Flößer redeten Ilja zu, mit ihnen Abendbrot zu essen, aber Ilja weigerte sich.

»Ihr habt selber nicht genug.«

Die Männer aßen am Ufer. Nachdem Ilja, der sehr beschäftigt tat, in der Floßbaracke verschwunden war, wies Trifon mit dem Löffel auf Jesulein.

»Du allein bist schuld! Jetzt verhungert er lieber, als etwas von uns anzunehmen.«

Jesulein, der mit seinem großen Holzlöffel eifrig der Suppe zusprach, schwieg schuldbewußt. Auch die Flößer hüllten sich in ein mürrisches Schweigen. Wie sollten sie den Jungen umstimmen? Was tun, damit sich der Kleine als zugehörig fühlte. Derikrup stocherte mit einem Streichholz in den Zähnen und schlug überraschend vor:

»Wir müssen ihn eben offiziell einstellen.«

»Wie denn?«

»Wie üblich. Überlaßt das mir. Bloß kommt mir nicht ins Gehege.«

Die Flößer sahen Derikrup respektvoll an. Das war ein Köpfchen! Er war früher mal Schauspieler gewesen, ein gebildeter Mann. Der konnte alles. Der ehemalige Theaterschüler hieß eigentlich Krupodjor. Die Flößer hatten seinen Namen verdreht. Zur Flößerei war er zufällig gekommen. Die Schauspielschule hatte er aus irgendwelchen Gründen verlassen müssen. Damit wurde er sowohl sein Stipendium als auch die Unterkunft los und verdingte sich als Saisonarbeiter bei den Flößern. Kein Mensch wunderte sich darüber. In jener Zeit konnte man alle möglichen Leute bei Saisonarbeiten treffen, angefangen von einem ehemaligen Mitglied der Staatsduma bis zum allerletzten Strolch, der schon alle Winkel von Mütterchen Rußland abgeklappert und sämtliche Berufe durchprobiert hatte, die sich einem Sterblichen anbieten.

Wir sind mehr geworden

Nach dem Abendbrot rief Derikrup den Brigadier Trifon Letjaga beiseite und beriet sich lange mit ihm. Als die heimliche Unterredung beendet war, zwinkerte Trifon dem anderen verständnisinnig zu und wandte sich sehr förmlich an die Flößer:

»Ich bitte alle zur Versammlung«, dann drehte er sich zu Ilja um, »dich rufen wir nachher rein.«

In Erwartung der kommenden Dinge setzte sich Ilja still auf eins der an Land gezogenen schweren Ruder, möglichst weit weg von der Baracke, damit die Männer nicht glaubten, er wolle lauschen, und streichelte das Hündchen, dessen Fell weicher war als das eines Kaninchens. Trifon Letjaga entzündete die Lampe, befahl Derikrup, sich an den Tisch zu setzen, händigte ihm das leere Formular eines Arbeitsauftragsscheins aus und goß Wasser aus dem Teekessel in ein Fläschchen, das noch eingetrocknete Tintenreste enthielt. Dann schob er mehrere Holzklötze an den Tisch und befahl den sich auf den Schlafbänken lümmelnden Flößern:

»Alles setzen und daß mir keiner lacht. Wollen das Jungchen an unser Kollektiv gewöhnen.« Damit musterte er noch einmal die Tischrunde, öffnete die Tür und rief nach Ilja.

Ilja trat über die Schwelle und blieb, die Hände an der Hosennaht, stehen. Gleich mußte sich etwas entscheidend Wichtiges ereignen. Hatten sich bis zu diesem Augenblick noch Zweifel in ihm geregt, daß die Flößer ihm vielleicht einen Streich spielen wollten, so verflogen sie jetzt angesichts des außergewöhnlich würdig dreinschauenden Derikrup und der etwas förmlichen und zugleich feierlichen Miene der Flößer. Ilja begriff: Gescherzt wurde hier keineswegs. Jesulein freilich, der mit dem Stopfen eines Hemdärmels beschäftigt war, griente rätselhaft, aber das war schließlich Jesulein.

Trifon forderte Ilja mit einer Handbewegung zum Setzen auf, räusperte sich und begann:

»Also, Genossen, hier geht's um folgendes. Unserem Kollektiv hat sich eine neue Arbeitskraft angeschlossen. Und da sich diese Arbeitskraft, also Ilja, bewährt und damit bewiesen hat, daß sie durchaus imstande ist, den Flößer vom Dienst zu ersetzen und dadurch eine andere Arbeitskraft für die Flößerarbeit freizustellen, möchte ich ihn in unsere Brigade einreihen, damit er Verpflegung, die Arbeitskluft und andere Vergünstigungen kriegt. Gibt es irgendwelche Einwände?«

Einwände gab es nicht. Trifon setzte sich auf die Kante einer Schlafbank und nickte Derikrup zu.

Derikrup wischte die rostige Feder an seinem Hosenboden ab, tauchte sie ins Fläschchen und überrumpelte Ilja schon mit der ersten Frage: »Personalien?«

»Was?« Verstört riß Ilja den Mund auf.

»Rede russisch«, brummten die Flößer, aber Derikrup warf ihnen einen durchdringenden Blick zu und erläuterte mit der gleichen amtlichen Stimme, die Ilja einen Schauer über den Rücken jagte: »Dein Familienname, dein Vor- und Vatersname.«

Bevor Ilja zur Antwort ansetzte, erhob er sich, zog das Hemd zurecht und sah die Flößer der Reihe nach an.

Nein, von Scherzen konnte keine Rede sein. Hier vollzog sich eine Handlung von außergewöhnlicher Bedeutung, geradezu eine Zeremonie. Er, Ilja, wurde in eine Arbeitsgemeinschaft aufgenommen. Nachdem er tief Luft geschöpft hatte, stieß er hervor:

»Werstakow, Ilja Pawlowitsch!« Er war selbst erstaunt, wie bedeutsam das klang.

In Derikrups Gesicht zuckte kein Muskel. Ja, der Mann hatte nicht umsonst Schauspielerei gelernt. Schwungvoll schrieb er die Personalien, wie er's nannte, in die Spalte des Auftragsscheins, über der stand: »Quant. d. Holzw. in cbm.«, und sah wieder zu Ilja hoch.

»Nationalität?«

Hilfesuchend sah sich Ilja nach allen Seiten um. Auf seiner Stirn standen Schweißtropfen.

»Na, er fragt, wer du bist: Tatare, Tunguse oder Russe«, kam ihm Onkel Roman zu Hilfe.

Der Junge antwortete zögernd:

»Wahrscheinlich doch Russe.«

Die Männer lachten zurückhaltend. Bratpfanne begann wie immer völlig unangebracht zu witzeln, seine wulstige Unterlippe zuckte, als er zu bedenken gab, daß der Steppke doch wirklich nicht wissen könne, welcher Nationalität er angehöre. Aber Trifon Letjaga warf ihm einen flammenden Blick zu und schlug so kräftig mit der Handkante auf den wackligen Tisch, daß das Tintenfläschchen einen Luftsprung machte.

»Wer hier blöde Witze reißt, fliegt raus!«

Die Flößer machten lange Gesichter. Bratpfanne versteckte sich betreten hinter dem Rücken von Bruder Asari, der offenen Mundes dasaß, vernehmbar schnaufte und nicht mal mit dem heilen Auge blinzelte. Er erinnerte sich, wie er als ungehobelter Bauernjunge erstmalig eingestellt worden war, und konnte darum Ilja nachfühlen. Der Junge war völlig konfus vom Ernst des Augenblicks. Die nächste Frage jedoch erwies sich als leicht, es ging um seine Schulbildung. Er meldete kurz:

»Eine Schulklasse!« und atmete auf, allerdings verfrüht.

Mit einem ausgeklügelten Wort entriß ihm Derikrup erneut den Boden unter den Füßen.

»Soziale Herkunft?«

»Wie?« Ilja starrte ihm mit einem kläglichen Lächeln ins Gesicht.

»Na, wer deine Eltern sind, Bauern oder Arbeiter?« half ihm der freundliche Onkel Roman wieder aus der Patsche.

Ilja warf ihm einen dankbaren Blick zu und nickte eifrig, er hatte begriffen.

»Vater ist Jäger, Mutter ist ertrunken«, sagte der Junge und schluckte mühsam, der Gaumen war ihm wie ausgedorrt.

Ebendas gab den Anstoß zu einem Streit, der die ganze Sache fast zum Scheitern gebracht hätte. Die einen behaupteten, daß Jäger und Fischer wahre Proletarier seien, weil sie ein unstetes Leben führten, und daß man sie darum weder der Arbeiterklasse noch dem Bauernstand zurechnen könne. Die anderen hielten dagegen, daß Jäger richtige Bauern seien, da sie in ihrer Mehrheit in Dörfern lebten.

Jesulein biß den Faden ab, stach die Nadel ins Mützenfutter und verblüffte die Flößer mit seiner Frage:

»Folglich sind die dickwanstigen Popen auch Bauern, da sie in den Dörfern leben?«

Alle schwiegen verdutzt. Um auf der Höhe zu bleiben und die Situation zu retten, schlug Derikrup, nun doch ziemlich unsicher, vor:

»Vielleicht schreiben wir also rein: Pro-le-ta-rier« und tauchte, ehe die anderen sich besinnen konnten, die Feder ins Fläschchen.

Aber Jesulein schnellte aus seiner Ecke vor und fuchtelte abwehrend mit beiden Händen. Sein Schatten, in der Mitte geknickt, geisterte durch die Baracke.

»Wieso denn? Der Junge ist bestimmt getauft, und ihr wollt ihm so 'nen heidnischen Stand anhängen?«

»Halt die Klappe!« schrie ihn einer der Männer wütend an.

Wie von der Tarantel gestochen fuhr Jesulein herum, und da Onkel Roman ihm am nächsten saß, ließ er seine Entrüstung an ihm aus.

»Da treibst du dich, lieber Mond, ohne Gottes Aufsicht in der Welt herum und willst noch 'ne unschuldige Seele verführen?«

Onkel Roman hatte eine Glatze und führte darum den Spitznamen »lieber Mond«. Er wehrte das andrängende Jesulein ab.

»Sabbere mir gefälligst nicht ins Gesicht, du Knecht Gottes.«

»Ja, ich bin ein Knecht Gottes, ein Knecht!« tobte Jesulein. »Ein Knecht, aber jedenfalls kein lausiger Herumtreiber. Du aber bist ein Gottesbetrüger! Alle Glatzköpfe sind Gottesbetrüger! Lieber Gott, so schrien sie laut, schenk uns doch ein Stückchen Haut, Haus für unsere Gesichter, betete das arg Gelichter, haben Gott, den Herrn, betrogen, sich die Haut übern Kopf gezogen.« Und Jesulein deutete kichernd auf Onkel Romans Glatze.

Die Männer fielen in sein Lachen ein, und Onkel Roman machte keine Ausnahme. Derikrup nahm die Gelegenheit wahr und füllte die Rubrik aus, schrieb »Proletarier« hinein und erhob sich, um anzudeuten, daß die Formalitäten abgeschlossen seien.

»Jetzt sind wir mehr geworden!« rief Onkel Roman und schlug Ilja erleichtert auf die Schulter.

Völlig ausgepumpt sank der Junge auf den Holzklotz, er konnte weder Hand noch Fuß rühren, so erschöpft war er. Der Schweiß lief ihm immer noch in Strömen übers Gesicht.

Trifon Letjaga sagte:

»Wir gehen gleich in die Falle. Morgen in aller Frühe machen wir das Floß klar. Müssen uns beeilen. Wir haben ja noch Osnobicha vor uns, und das will was heißen.

Da wir jetzt keinen von uns zum Küchendienst brauchen, wird die Arbeit schneller vorangehen, denke ich mir.«

Alle verließen die Baracke und rauchten noch eine Selbstgedrehte vor dem Schlaf. Nur Jesulein setzte sich abseits, um nicht gegen das Gebot zu verstoßen, er rauchte keinen Tabak.

Am Himmel ballten sich dunkle Wolken. In den Bergen zählte ein schläfriger Kuckuck mit der Einförmigkeit einer Tonflöte die Jahre eines langen Menschenlebens. Seinen monotonen Ruf unterbrechend, schnarrte eine Wachtel im Gras. Kaum hörbar klang Hundegebell aus Schipitschicha herüber. Ilja strengte sein Gehör an, um Osmans Stimme auszumachen, und sann: Wenn ich doch schon weit weg wäre. Unhörbar flogen Fledermäuse zum Lagerfeuer und fuhren scheu in die Dunkelheit zurück. An der Sandbank vor der Inselspitze hörte man das laute Plätschern eines Fisches.

Archimandrit – so nannten die Flößer das zottige Hündchen – hatte während der Debatte reglos unter einer Schlafbank gelegen. Jetzt kam es hervor und umwedelte die Männer, die gutmütig seine behaarte Schnauze kraulten und ihm alle möglichen Namen gaben.

Ilja bestaunte den merkwürdigen Hund, erkundigte sich, wo er herstammte und wie er hergeraten war. Die Männer schmunzelten und wollten nicht recht mit der Sprache herausrücken, aber schließlich brachte Ilja die außergewöhnliche Geschichte des Hundes doch in Erfahrung, der nach Derikrups Dafürhalten zur edlen Rasse der Bologneser gehörte.

Besitzerin des Hundes war die Frau des Leiters des Flößereikontors, eines sehr tüchtigen und rechtschaffenen Mannes. Vor der Revolution war er lange Zeit Förster gewesen. Schon in vorgeschrittenem Alter, hatte er sich, völlig haltlos, in die Tochter eines verkrachten Adligen aus alter Familie verliebt. Der Edelmann war in den Wirren der Revolution und des Bürgerkrieges verschwunden, die Tochter aber blieb bei dem wortkargen Förster, der einen Stich ins Romantische hatte. Statt einer Mitgift brachte sie ihm an einer Seidenleine ein unnützes und sehr naschhaftes Schoßhündchen mit.

Ebendieses Schoßhündchen befand sich nun mit seinem Frauchen inmitten einer kunterbunt zusammengewürfelten Gesellschaft im Flößereihafen. Die Weiber spien aus, als sie sahen, daß die Dame dem Hündchen denselben Zucker gab, von dem sie abbiß. Stundenlang saß die Dame mit dem Hündchen auf dem Schoß in einem Korbsessel am Fenster, grämlich, früh ergraut, und blickte verträumt in die Ferne.

Die vom Bürgerkrieg aufgestörten, durch die Zerrüttung und die Hungersnot von den vertrauten Stätten vertriebenen Einwohner führten in der Siedlung ein schweres Leben. Wie alle im Lande mühten sich die Leute im Flößereihafen, das Unmögliche möglich zu machen: das heruntergewirtschaftete Rußland hochzubringen. Unter den Einheimischen nahm sich das Dämchen fremdartig aus.

Selbstverständlich wurde sie von allen gehänselt, angefangen von den Kindern bis zu den Kontorangestellten.

Einmal spielten ihr die Lausejungen der Siedlung einen üblen Streich: Sie stahlen ihr Schoßhündchen und warfen es in den Strom. Mit Müh und Not konnte sich das Hündchen auf eine Barkasse retten und verkroch sich unter der Ruderbank. Entdeckt wurde es erst einige Tage später, bereits im Oberlauf, wohin die Flößereibrigade gebracht wurde. So kam das Schoßhündchen auf das am Oberlauf gebaute Floß und erhielt aus Versehen oder aus böser Absicht den männlichen Namen Archimandrit. Putzig machte es Männchen und legte sich beim ersten Anraunzer mit erhobenen Pfoten auf den Rücken, denn es fürchtete sich vor allen, genauso wie sein Frauchen.

Über die Frau unterhielten sich die Flößer oft. Und sie sagten ihr solche Dinge nach, daß sogar Ilja errötete, obwohl er von klein auf unflätige Flüche und Zoten gewohnt war.

Dennoch gewannen die Männer das Schoßhündchen lieb. Trotzdem durfte der Hund nicht bei ihnen auf dem Bett schlafen, obwohl er, seinen aristokratischen Gewohnheiten gemäß, zuweilen ein weiches Lager suchte. Der Platz des Hundes war draußen oder unter der Bank, nicht mal für Archimandrit wurde eine Ausnahme gemacht.

Ilja fütterte Archimandrit und trieb ihn unter die Schlafbank, damit er Jesulein nicht unter die Augen kam. Der traktierte das Hündchen bei jeder Gelegenheit mit Fußtritten. Ilja legte sich zwischen Trifon und Onkel Roman hin. Nach einer Weile berührte er den Arm des Brigadiers und fragte halblaut:

»Hätten Sie vielleicht einen Seidenfaden, Onkel Trifon?«

»Was willst du damit?«

»Ich würde Blinker machen und Äschen angeln, dann könnte ich eine Fischsuppe für euch kochen.«

»Schlaf, schlaf schon, du Betreuer«, gab der abgearbeitete Brigadier matt zurück und deckte Ilja mit dem Wettermantel zu, wobei er den Kleinen besorgt abtastete, ob der nicht von der Seite Zug bekam.

Ilja streckte sich aus und wurde still. Er konnte lange nicht einschlafen. Dem gewaltigen Schnarchkonzert der Flößer lauschend, grübelte er erneut über die Erwachsenen nach, die so verschieden und unbegreiflich waren.

Die Menschen sind verschieden

Jawohl, verschieden. Sogar die sieben in der Floßgemeinschaft waren jeder anders. Obwohl Ilja erst wenige Tage bei den Flößern war, hatte er sie doch schon besser kennengelernt.

Beispielsweise war da der Brigadier Trifon Letjaga. In Sibirien gibt es ein Eichhörnchen solchen Namens. In Riesensätzen springt es von Baum zu Baum, so daß es zu fliegen scheint, und heißt darum Letjaga*.

Geschickt in der Arbeit, immer gesammelt und jeder Situation gewachsen, rechtfertigte der Brigadier seinen Namen vollauf. Auch seine Augenfarbe ließ an das flauschige Fell dieses Tierchens denken. Bläst man ins Fell hinein, schlägt es locker wie Asche auseinander und wird dunkel, Trifons Augen, strahlend und weich, zeigten in der Tiefe ein überschattetes Grau, das sich stark verdunkelte, wenn er zornig wurde. Man hätte meinen können, eine dunkle Wolke sei aufgezogen, die sich unter den Lidern verborgen gehalten hatte.

Trifons Nachname war zugleich sein Spitzname, weil man nichts Treffenderes hätte finden können. Wie Ilja erfuhr, vielmehr Trifons ständiger, unaufdringlicher und

* von russ. »letetj« – fliegen

ungekünstelter Fürsorge anmerkte, war der ebenfalls als Waisenkind aufgewachsen. Allerdings war Trifon erst als großer Junge mit sechzehn Jahren verwaist, mit sechzehn hatte er die Wirtschaft und die Sorge um die Geschwister – zwei kleine Brüder und ein Schwesterchen – sowie um die Mutter am Hals gehabt. Bis zum heutigen Tag schickte er die Hälfte seines Lohns an die Familie und lebte sparsam.

Die zweite auffallende Erscheinung war Onkel Roman, der liebe Mond. Onkel Roman pflegte von sich zu sagen: »In meinem Leben gab es mehr Abenteuer als Löcher in einem Reibeisen.« Sein Leben glich einem Stein, den ein übermütiger Junge absichtslos ins Blaue geschleudert hatte. Wohin der Stein fliegen und was aus ihm werden würde, das wußte keiner.

Onkel Roman war unzählige Male verheiratet gewesen, besaß jedoch keine Familie. Er hatte eine Unmenge Berufe, war aber an keinem hängengeblieben. Er erwarb alles mühelos und gab es bedenkenlos wieder hin. Selbst wenn es um das letzte Wäschestück ginge, würde er es ohne Bedauern ausziehen und weggeben. Wo hatte sich der liebe Mond nicht alles herumgetrieben, was hatte er nicht alles erlebt, aber auf seine alten Tage hatte sich Roman wie ein ruheloser, vagabundierender Bär doch wieder in den heimatlichen sibirischen Wäldern eingefunden, um hier zu sterben.

Nun, über Derikrup brauchte man nicht viel zu reden. Der war nicht zu übersehen und in allen Dingen übersichtlich. In der Gemeinschaft war er beliebt wegen seines Geplauders, seiner ebenso zügellosen wie großzügigen Art, man nannte ihn allgemein rappelig. Ihn näher kennenzulernen und nach seinem früheren Leben zu fragen, das kam keinem in den Sinn, die Flößer waren der Meinung, das sei überflüssig, und er selbst sprach auch nicht gern von sich.

Was die Brüder betraf, so war das ein Thema für sich.

In jeder mehr oder weniger tüchtigen Arbeitsgemeinschaft gibt es oder müßte es wenigstens solche kräftigen Arbeitsbullen geben, von denen zwei weniger sprechen als einer, aber die für vier rackern. Sie waren keine Brüder. Vor ihrer Einstellung im Flößereikontor hatten sie einander nicht mal gekannt. Gawrila, der eine, stammte vom Unterlauf des Jenissej, der andere trug den Namen des heiligen Asari und war ein Minusinsker Bauernsohn.

Wann und wie Gawrila und Asari Freunde wurden, hätte keiner zu sagen vermocht. Da man sie immer zusammen sah, hielt man sie für Brüder. Wurde nur einer verlangt, so rief man »Bruder vom Unterlauf« oder »Bruder vom Oberlauf«. Was sie persönlich betraf, so glaubte Asari, ohne Gawrila wäre er längst verdorben, und Gawrila mochte sich ein Leben ohne Asari nicht vorstellen, den er bemutterte und auf dessen breite Schultern er sich notfalls getrost stützen konnte.

Der wohl unauffälligste und doch sehr spaßige Mann in der Brigade war Bratpfanne. Ebenso wie Jesulein hatte er natürlich einen Vor- und Nachnamen, aber der wäre keinem auf Anhieb eingefallen. Wenn Trifon Letjaga ihn notieren mußte, fragte er Bratpfanne jedesmal von neuem danach.

Das hervorstechendste Merkmal an Bratpfanne war, wie erwähnt, die Unterlippe, der er seinen Spitznamen verdankte. Übrigens machte er sich nichts daraus. Wenn sich die anderen über seine Unterlippe lustig machten, erklärte er gelassen: »Dafür geht beim Löffeln kein Tropfen daneben.«

Bratpfanne geriet selten in Wut. Und wenn es geschah, so ohne ersichtlichen Anlaß. An den Unterhaltungen beteiligte er sich selten, und warf er mal ein Wort ein, so paßte es wie die Faust aufs Auge. Bratpfanne arbeitete fleißig, riß sich jedoch kein Bein aus. Rief einer im Ernst oder zum Spaß: »Feierabend!«, schulterte Bratpfanne sogleich die Flößstange, und dann konnte ihn nichts dazu bewegen, selbst einen im Weg liegenden Stamm hinabzustoßen. Die Männer witzelten, würde Bratpfannes Haus brennen und er das Feuer löschen, so brauchte man bloß »Feierabend!« zu rufen, und dann würde er keinen Tropfen Wasser mehr anschleppen.

Bratpfanne hatte in Ust-Mara eine zahlreiche Familie. Aber er sprach nie von ihr, obwohl Trifon Letjaga, der ihn kannte, behauptete, daß Bratpfanne seine Kinder sehr liebe und die Frau, die übrigens sehr arbeitsam und fix sei, nie schlage. Dabei war das Verprügeln der Frauen für die Sibirier nicht nur Gewohnheit, sondern sogar Mode.

Dafür schwatzte Jesulein andauernd über seine Familie, über seine Kinder, er hatte vier, und über seine Frau, der er jede Kopeke nachrechnete und die er wegen jedes Versehens im Haushalt erbarmungslos drosch. Er mischte sich in jeden Streit und war mitunter so offenherzig, daß es an Dummheit grenzte.

Gestern abend zum Beispiel hatten die Flößer ihre Fußlappen am vermeintlich ausgegangenen Ofen ausgebreitet. Im Ofen aber war noch ein angekohltes Holzscheit, das, nachdem alle eingeschlafen waren, getrocknet und in Brand geraten war. Jesuleins Fußlappen lagen auf dem Holzstapel dicht am Ofen, sie begannen zu schwelen, und sicherlich wäre ein Feuer ausgebrochen, wäre Onkel Roman nicht aufgewacht, der die brennenden Lappen austrat und Jesulein am Bein rüttelte.

»Pennt hier in aller Ruhe, daß dich . . ., du Flasche, und deine Fußlappen sind verbrannt.«

Jesulein sprang auf und zeterte: »Gerochen hab ich's, daß Fußlappen brennen, bloß ich dachte, es wären nicht meine.«

Onkel Roman, der nie fluchte und außer »daß dich . . .« kein Schimpfwort in den Mund nahm, stieß einen gepfefferten Fluch aus.

Jesulein war ein Prahlhans und Schwätzer und pflegte ständig Streit vom Zaun zu brechen. In der Brigade waren die meisten wortkarg, darum entbrannten solche Wortgefechte in der Regel zwischen Onkel Roman, Derikrup und Jesulein. Die Diskussionen begannen mit gottgefälligen Dingen und endeten mit gotteslästerlichen Flüchen.

Onkel Roman glaubte weder an Gott noch an den Teufel und hatte keine frommen Bücher gelesen. Auch Jesulein hatte nie religiöse Schriften aufgeschlagen, bloß Auszüge und Aussprüche aus fremdem Mund und um zehn Ecken gehört. Aber die von den rauhen Männerzungen abgeschliffenen Prophezeiungen vertrat er mit sturem Eigensinn.

Die Männer zogen ihn auf, namentlich Onkel Roman, und provozierten ihn im Gespräch, um ihn dann auszulachen. Oft endeten solche Debatten fast mit Handgreiflichkeiten, und dann jagte Trifon Letjaga alle ins Bett.

Eines stillen Abends, der eher zum Schweigen als zum Reden anregte, setzte sich Jesulein nach dem Abendbrot vor die Baracke und hob in singendem Tonfall an:

»Hört zu, Leute, was für eine vertrackte Sache in der Heiligen Schrift über das Menschengeschlecht geschrieben steht.« Mit einer Miene, als zitiere er wörtlich, begann er näselnd: »Und siehe, es wird kommen der Tag, da zwei Männer nur eine Reisigrute ins Dampfbad schleppen werden. Das heißt also«, erläuterte er, »daß der Mensch entartet und von Kräften kommt.«

»Bis dahin wird alles anders werden: Es wird keine Dampfbäder geben, und die Menschen werden kein Schwitzbad nehmen, das ist doch Unkultur und schädlich fürs Herz«, widersprach Onkel Roman, der ein krankes, verbrauchtes Herz hatte.

»Was sagst du da?« rief Jesulein erstaunt, »keine Schwitzbäder? Haha! Also werden die Kulturmenschen verlausen, wie?«

»Esel! Es wird Badezimmer geben, Duschen und so was!« schrie Derikrup.

»Duschen!« entrüstete sich Jesulein. »Heiden, Asiaten

sollen sich duschen, ein Russe braucht eine zünftige Sauna mit Backsteinofen, damit der Dampf richtig wolkt. Ihr habt vielleicht Einfälle — Kommunismus ohne Schwitzbad! Von so 'nem Kommunismus will ich nichts wissen.«

»Du Zungendrescher, drischst leeres Stroh und weißt nicht, was du redest«, entgegnete Onkel Roman vorwurfsvoll. »Wenn du's wissen willst, Leute wie die in deiner Schrift, die können höchstens noch duschen, Schwächlinge gehen gar nicht erst ins Schwitzbad.«

Jesulein runzelte die Stirn.

»Tja, ein stichhaltiger Einwand . . .«, er rettete sich jedoch sogleich mit dem Argument: »Aber wenn's in der Heiligen Schrift steht, muß es in Erfüllung gehen. Die Schrift ist kein Pappenstiel.«

»Demagoge!« folgerte Derikrup. »Stimmt's?« fragte er die anderen.

Die bejahten, weil sie die unbekannte Vokabel für ein Schimpfwort hielten.

Dann sprang das Gespräch zu anderen Gegenständen über, und es wurden viele wahre und unwahre Histörchen zum besten gegeben. Als die Rede auf die Heilkunde kam, erklärte Jesulein, die ganze Medizin sei der reinste Betrug, die Ärzte hätten nichts anderes zu tun, als den Tölpeln das Geld abzuknöpfen. Zur Bestätigung erzählte er folgende Geschichte:

»In einem Dorf erkrankte mal ein junger Mann, früher Milch und Blut, wie man so sagt, aber nun siechte er richtig dahin. Seine Eltern, die wandten sich an alle möglichen Ärzte, schließlich ist es kein Pappenstiel, eine tüchtige Arbeitskraft auf dem Hof einzubüßen. Sie mußten die Kuh versilbern, dann das Pferd, schließlich waren die Hühner dran, die Doktors aber behaupteten steif und fest, da kann man nichts Bestimmtes sagen. Gerade zu dieser Zeit kehrten bei den Bauern Fuhrleute ein. Als sie die schlimme Sache mit dem Jungbauern erfuhren, meinten sie: Paß mal auf, Bruder, fahr nach Minussa, dort wohnt ein altes Weiblein, die hat mächtig was weg in der Heilkunde. Über kurz oder lang zog der Jungbauer tatsächlich los, fand das Kräuterweiblein und fiel vor ihr auf die Knie: Rette mich, Mütterchen, sagte er, mein Lebtag werde ich für dich beten. War bei allen möglichen Doktors und Heilern, bloß alles erfolglos. Da fragte ihn das Weiblein ganz freundlich: Sag an, mein Bester, rauchst du? Nein, antwortete er, ich rauche nicht, gute Frau, gar nicht dran zu denken, ich kann ja kaum kriechen. Hast du, fragte sie weiter, mal allein nach der Mahd auf der Wiese oder dem Stoppelfeld geschlafen? Ja, Mütterchen, aber warum willst du das wissen? Das Weiblein antwortete: Jetzt ist mir alles klar und verständlich. Das gesagt, machte sie sich daran, das Dampfbad einzuheizen.

Die Alte hob den Kranken auf die Schwitzbank und ließ ihn tüchtig schmoren. Als ihm der Schweiß aus allen Poren brach, gab sie ihm eine Schöpfkelle voll eiskaltem Kwaß zu trinken. Und das trieb sie so lange, bis der junge Bauer ganz von Kräften war und ohnmächtig umsank. Als er wieder zu sich kam, da lag er in einem Bett, sein Atem ging frei und leicht, und er fühlte sich wieder kerngesund. Da bedankte er sich bei dem Weiblein, verneigte sich bis zum Boden und fragte, was das für eine Krankheit gewesen sei. Das Mütterchen antwortete: Du hattest eine Schlange im Bauch. Die ist dir in den Mund gekrochen, als du geschlafen hast. Hättest du geraucht, wäre das nicht passiert, Tabakgeruch vertragen Schlangen nicht. So aber ist sie in dich reingekrochen und hat dein Blut gesaugt, das verruchte Otterngezücht. Jetzt habe ich sie rausgeholt und begraben.«

»Allerhand!« Onkel Roman schüttelte den Kopf. »Hab schon Spinner gesehen und Spinner gehört, bin selber einer, aber so einen wie Jesulein habe ich noch nie erlebt. Der lügt ja wie gedruckt.«

»Du hast immer zu meckern, dir kann man 's eben nie

recht machen«, entgegnete Jesulein gekränkt, »ewig mußt du spotten und zweifeln. Dabei ist's die lautere Wahrheit.«

»Wenn's die Wahrheit ist, warum kriecht dir keine Schlange in den Mund? Du rauchst doch auch nicht?«

»Ha, du bist gut! Dreimal bekreuzige ich den Mund, bevor ich einschlafe, und das hält nicht nur eine Schlange, das hält sogar den Gottseibeiuns ab.«

Onkel Roman spie aus und versetzte den verglimmenden Holzscheiten einen wütenden Fußtritt. Sie fielen zischend ins Wasser und trieben mit der letzten Qualmwolke schwelend davon.

»Schlafenszeit!« sagte Onkel Roman. »So viel quatschen und streiten wie dieser Dämel kann sowieso keiner.«

Ilja, der bei Jesuleins Geschichten eine Gänsehaut bekommen hatte, ging in die Baracke, ohne sich klar zu sein, ob Jesulein die Wahrheit gesagt oder geflunkert hatte.

In der Baracke war es schwül, die Brüder nahmen ihr Bettzeug und legten sich am Ufer zum Schlafen nieder, Jesulein folgte ihrem Beispiel.

Nachdem es still geworden war, fragte Ilja flüsternd:

»Onkel Roman, und wenn eine Schlange in Jesuleins Mund kriecht, was machen wir dann? Wir essen doch aus einem Kessel? Wer weiß, vielleicht hilft das Kreuz nicht in allen Fällen?«

»Tja, da magst du recht haben«, äußerte Onkel Roman laut, der Junge glaubte zu hören, daß Derikrup sich unter seiner Decke vor Lachen schüttelte. »Wollen gleich mal ausprobieren, mein Jungchen, ob sich Jesulein auf das Kreuz verläßt, das er vor dem Schlafengehen schlägt. Gleich mal sehen!«

Mit diesen Worten setzte Onkel Roman die bloßen Füße behutsam auf den Boden, griff nach der Achterleine an der Wand und verließ die Baracke. Ilja folgte ihm, auch Derikrup, ein Liebhaber gelungener Späße und nervenkitzelnder Erlebnisse, erhob sich von seinem Lager; Bratpfanne pfiff schon in allen Tonlagen durch die Nase.

Onkel Roman schlich sich an den Busch, hinter dem Jesulein schlief, spulte die Leine ab und warf sie über Jesulein hinweg ins Gras. Nun trat er etwas zurück, zog die Leine an und wickelte sie sich langsam um die Hand.

Ilja hatte mittlerweile begriffen, was für einen Streich Onkel Roman ausgeheckt hatte, und preßte die Hände vor den Mund. Die Leine raschelte durchs Gras, schleifte über Jesuleins Decke und glitt, kalt und glatt, über sein Gesicht. Ein markerschütterndes Gebrüll erschallte, Jesulein schoß hinterm Busch hervor und begann sich hastig zu bekreuzigen.

Vor Lachen erstickend, kehrten Onkel Roman, Ilja und Derikrup aufs Floß zurück.

»Wann gebt ihr endlich Ruhe?« Trifon Letjaga hob den Kopf vom Kissen. »Bist doch schon ein alter Mann, Onkel Roman, benimmst dich aber wie ein Kind.«

Nach einem Weilchen erschien Jesulein mit seiner Decke. Onkel Roman erkundigte sich gähnend mit gelangweilter Stimme:

»Nanu, schon wieder da?«

»Ein bißchen kühl geworden«, antwortete Jesulein und sagte nichts mehr.

»Fürchtest dich wohl vor Schlangen?«

»Was können die mir schon anhaben? Da brauche ich bloß ein Kreuz zu schlagen . . .«

Ilja pruschte als erster heraus, dann wieherten Derikrup und Roman los, Derikrup trommelte sogar mit den Fäusten auf die Schlafbank. Er lachte immer so.

Jesulein hörte sich das an, erriet schließlich den Grund der Heiterkeit, stieß einen Fluch aus und wickelte sich bis über den Kopf in die Decke.

Sein Lachen unterdrückend, stieß Trifon Derikrup in die Seite und befahl:

»Schlaft endlich!«

Die Fischsuppe

Seidenfäden ließen sich finden. In Derikrups Holzkoffer lag ein schicker rotgestreifter Seidenschal, von dem zwei Quasten abgeschnitten wurden. Ilja trennte den Zipfel seines Kopfkissens auf, zog mehrere rötliche Daunen heraus, setzte sich an den Tisch und machte sich daran, einige Köder oder sogenannte Fliegen zu verfertigen. Die Flößer sahen ihm neugierig zu und staunten. Ilja zog die gestutzte und an den Enden gerupfte Daunenfeder durch das Öhr eines Hakens, wand sie um den Haken, wonach er sie oben und unten mit einem Faden befestigte, der sich von der Biegung in festen Maschen um den Stiel legte und nach oben wieder zum Öhr verlief. Die Maschen bildeten nach und nach den Leib des künstlichen Insekts, während die gesträubte Feder die Flügel abgab. Nicht ohne Prahlerei warf Ilja die künstliche Fliege auf den Tisch, die nun von Hand zu Hand ging.

»Jungs, dieses Bürschlein weiß sich wirklich zu helfen!« versicherte Bratpfanne. Er überlegte eine Weile und platzte dann heraus: »Mit einem Wort, eine Waise!«

»Ein wahrer Zauberkünstler! Stimmt's?« rief Derikrup begeistert und wollte von jedem die Bestätigung hören.

»Ein Tausendsassa!« lobten die Flößer Ilja auf ihre Art.

Nur Jesulein äußerte Zweifel.

»Mal sehen, wie sich das Ding bewährt.«

»Das bewährt sich, bestimmt sogar!«

»Bist tatsächlich eine Kanaille, Jesulein«, sagte Onkel Roman halblaut. »Der Kleine bastelt was mit eignen Händen zurecht, und wenn's bloß eine Spielerei ist, er hat jedenfalls seinen Spaß daran.«

»Das ist keine Spielerei! Eine Spielerei ist das nicht!« brauste Ilja auf, der die Bemerkung gehört hatte, und rannte hinaus. »Ihr werdet's selber sehen! Werdet euch noch überzeugen!«

Die Lebensmittel gingen nun endgültig aus, und die Barkasse kam immer noch nicht. Ilja empfand sich nach wie vor als Kostgänger, als überflüssiger Esser und wollte den Speisezettel irgendwie aufbessern und seinen Teil beitragen.

Er angelte vom Floß aus. Die Fliege hüpfte und wirbelte neben dem Stamm. Sacht schwenkte er die Rute auf und ab, so daß es aussah, als zappelte eine Fliege hilflos im Wasser. In der straff verknoteten quirligen Strömung gab es ein lautes Klatschen, und die Fliege verschwand. Ilja nahm eine kapitale Äsche vom Haken und warf sie in den bereitstehenden Eimer.

»Und so was soll Spielerei sein?«

Feierlich trug der Junge den Flößern die Fischsuppe auf. Er brachte den Kessel, die abgewetzten geborstenen Holzlöffel, legte für jeden ein Stück Birkenrinde als Teller zurecht und schwappte je einen Brocken zerkochter Äsche heraus. Geriet er an ein kleineres Stück, so tat er noch ein halbes dazu. Schließlich fischte er ein Stückchen Kohle aus dem Kessel, schleuderte es über die Schulter und sagte würdevoll:

»Los, ihr Männer, rückt näher und greift zu!«

Er hatte sich statt einer Schürze einen Sack umgebunden und schlenderte stolz und zufrieden um den Tisch herum. Die Flößer stippten ihre Löffel um die

Wette in den Kessel, lutschten die Gräten ab und lobten Ilja.

»Hör mal, warum setzt du dich nicht?« rief Trifon Letjaga plötzlich und machte auf der wackligen Bank Platz.

»Eßt nur, eßt, ich esse nachher.« Ilja winkte ab.

Das war so Brauch in sibirischen Familien: Zuerst muß der Hausherr und Ernährer satt gemacht werden, die Hausfrau nimmt mit dem vorlieb, was übrigbleibt. Der Brigadier fragte Ilja:

»Hatte Großmutter viele Kinder?«

»Dreizehn Stück«, sagte Ilja und mit solchem Nachdruck, daß jeder begriff: Dreizehn Kinder, das war kein Pappenstiel.

»Tja, deine Großmutter hat nicht umsonst gelebt«, erklärte Trifon Letjaga gedehnt, »aber alles brauchst du deiner Großmutter nicht nachzumachen.« Der Brigadier befahl Ilja, sich an den Tisch zu setzen, und reichte ihm die Hälfte seiner Portion hinüber.

Vor Sonnenuntergang angelten Trifon und Ilja nochmals auf Äschen und unterhielten sich erneut über die Großeltern des Jungen.

»Meine Oma ißt nie Hecht, um nichts in der Welt«, erzählte Ilja. »Jeden Fisch, bloß nicht Hecht.«

»Mag sie keinen?«

»Nein, aus religiösen Gründen.«

»Wie meinst du das?«

»Ganz einfach. Der Hecht hat ein Kreuz im Kopf, seine Knorpel sehen wie ein Kreuz aus, und Oma findet, einen Fisch mit einem Kreuz darf man nicht essen, das wär 'ne Sünde.«

Ilja verstummte mit einer Miene, als sehe er der Oma diese Schrulle großmütig nach. Er schwieg und verkündete dann wie eine wichtige Enthüllung:

»Aber ich esse jeden Fisch. Und in der großen Fastenzeit habe ich sogar mit dem Finger saure Sahne aus der Kruke genascht. Großmutter hat mich deswegen Antichrist geschimpft. Jawohl, Antichrist. Oh, sie ist sehr streng, meine Oma.«

Trifon Letjaga hörte zu, sein Gesicht blieb ernst, nur die Augen lächelten. Gern gönnte er dem Kleinen die Freude, sich an das Schönste erinnern zu dürfen, an die Großeltern.

Einmal fuhren Großvater und Ilja vom Feld nach Hause. Auf dem Wagen lag ein kleiner Haufen Heu für das Vieh. Das Pferdchen war schwach und brachte die Fuhre nicht aus der Schlucht auf die Anhöhe. Großvater spannte den Klepper aus, stellte sich an die Deichsel und schleppte die Fuhre mit dem Heu und mit Ilja hinauf. Dann spannte er das Pferdchen wieder an. Als sie sich dem Dorf näherten, ließ er nebenher fallen: »Schwatz es im Dorf aber nicht rum.«

»Kommst jetzt bald, sehr bald zu deinen Großeltern.« Trifon strich dem von den Erinnerungen weich gestimmten Jungen über den Kopf und ging schlafen.

Ilja saß allein am Rand des Floßes. Die Angel war vergessen. Als er sie herauszog, fand er die Fliege so arg zerbissen, daß nur noch das Garn übrig war.

Wenn ich noch länger döse, werden sie mich auch noch fressen, dachte er.

Ilja befestigte eine neue Fliege an der Schnur, ließ sie in der Strömung treiben und wartete still ab.

Das Floß war unterhalb eines überhängenden Felsens vertäut, der sich schrundig über dem Strom bauchte. Unter dem Felsen war es schon dunkel. Oben schimmerte noch der Widerschein der Abendröte, fing sich im Geröll am anderen Ufer und ließ Glimmerfunken in die Luft sprühen. Gebannt blickte Ilja auf das blendende, flimmernde Lichterspiel, auf einen zur Unzeit eingeschlummerten jungen Strandläufer und zuckte darum zusammen, als dich vor ihm ein Kiesel ins Wasser plumpste. Der Junge hob den Kopf und blieb reglos sitzen. Hart am Felsrand, hoch in den Lüften, stand, das Lichtfeld der

Abendröte mit den Hörnern durchbohrend, ein Steinbock. In respektvollem Abstand verharrten einige Geißen. Hochmütig musterte der Bock das Floß und Ilja. Der Junge erhob sich, die Geißen flüchteten, der Bock aber machte keine Bewegung und blieb mit vorgerecktem Kopf stehen.

Kaum hatte der Junge den Blick von den davonziehenden Tieren gewandt, als ein Falke in einen Schwarm Segler hinabstieß, die das Rudel aufgescheucht hatte. Er schlug einen kleineren Vogel, eine Handvoll Federn kreiste im Abendrot. Gellende Rufe ausstoßend, stürzten sich die Segler auf den Falken, der jedoch mit ruhigen Flügelschlägen zu den Felsen davonflog.

Die Abendröte erlosch. Dunkelheit senkte sich auf den Strom. Die Segler wurden still und verbargen sich in ihren Nestern. Das Wasser rauschte unter dem Felsen, kläglich knarrte eine umgestürzte Fichte, an der die Strömung zerrte und rüttelte, Wurzelstrang um Wurzelstrang aus den Spalten reißend und die dünnen Zweige zerbrechend.

Die Flößer entkleideten sich und streckten sich auf den Schlafbänken aus. Durch die geöffnete Barackentür wehte nächtliche Kühle. In feinen Fäden wob sich der Duft der Waldweidenröschen, des Porstes, der Heidelbeeren und des stellenweise schon gilbenden Laubes herein.

Wie aufgezogen summten Bremsen und Fliegen an der Fensterscheibe. Auf Fenster und Türöffnung lag der blasse Abglanz des Wassers.

Welche Wohltat, sich auszustrecken, die Arme, in denen die Müdigkeit bebte, im Nacken zu verschränken, kurze Zeit allein zu sein mit sich und der stillen, einen festen Schlaf verheißenden Nacht.

Ein Lied störte jedoch den Frieden. Es tönte schüchtern und halblaut, als taste es sich durch die Finsternis. Dann erstarkte die Stimme, wuchs, schob die Stille weg.

Es war eine Jungenstimme:

»Setz an den Tisch mich und will sinnen,
was so allein ich auf der Welt beginne.«

Zum erstenmal hörten die Männer Ilja singen und wagten keine Bewegung. Der Kleine sang gut, griff ihnen ans Herz, weckte Erinnerungen in ihnen, ihr Heimweh und die Sehnsucht nach den Kindern. Es war nicht einmal ein Singen, eher ein nachdenkliches Selbstgespräch.

Keiner ahnte, daß Ilja Großmutters Lieblingslied angestimmt hatte.

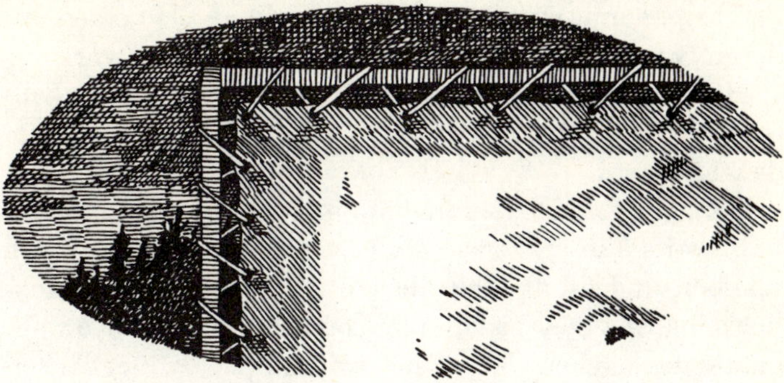

Die lang erwartete Barkasse

Sobald sich die Barkasse in der Ferne zeigte, ging auf dem Floß alles drunter und drüber. Die Barkasse wurde von zwei Pferden getreidelt, am Heckruder stand ein Mann und kommandierte. Der Bug wühlte sich tief ins Wasser, er ließ eine flache Welle und einen trüben Streifen zurück. Wo das Ufergesträuch überhing, wateten die Pferde knietief durchs Wasser, trat das Gestrüpp zurück, stiegen sie wieder ans Ufer und schnauften erleichtert. Der Pferdewart, der zugleich Filmvorführer war, saß mit aufgekrempelten Hosenbeinen auf dem Rücken des einen Pferdes und brüllte von Zeit zu Zeit aus vollem Hals. Die Pferde ließen die Ohren spielen und verrichteten maßvoll die gewohnte Arbeit.

Als sie das Floß erblickten, legten sie sich in die Zugtaue und verfielen in eine raschere Gangart. Sie wußten: Hier wurde haltgemacht und gerastet.

Vom Floß erscholl es schon siebenstimmig:

»Los, dreht auf, Kinder! Drückt auf die Tube! Wir warten ja so!«

Durch eine Klappschranke war im Heck der Barkasse eine Verkaufsstelle abgeteilt. An der Theke wirtschaftete eine dralle pausbäckige Sibirierin, die stromauf, stromab

Fescha genannt wurde. In Wirklichkeit trug sie einen anderen Namen, in dem nicht mal der Buchstabe F vorkam.

Hier befand sich auch der Kassierer des Flößereikontors, der unterwegs den Steuermann machte. Er zahlte den Lohn aus.

Löhnung bleibt überall Löhnung. Sogar hier auf dem Floß war sie so etwas wie ein Fest. Das Geld in der Faust, schoben und drängelten die Flößer, jeder bemüht, möglichst nah an Fescha heranzukommen und ihr Komplimente zu machen. Selbst die wortkargen Brüder lächelten übers ganze Gesicht und waren bemüht, sich etwas Nettes und Lustiges einfallen zu lassen.

Lachend und witzelnd wehrte Fescha die Männer ab. Wer die erlaubten Grenzen überschritt, bekam eins auf die Finger.

Die Flößer wieherten.

»Dich zu kneifen ist doch die einzige Freude, die uns bleibt, Feschenka. Laß es dir gefallen, dulde uns ein bißchen, leide der Gesellschaft zuliebe.«

»Ihr Teufel habt doch Nägel wie Widerhaken. Ehe man den Strom rauf und runter ist, hat man am ganzen Körper blaue Flecke.«

»Na, das ist eben Weiberlos.«

»Schmuse nicht mit den Männern rum und mach deine Arbeit, du Buhlerin«, schnaubte Jesulein.

Die Verkäuferin schaufelte gerade Stückenzucker mit einem Messingteller aus dem Sack, stellte die Gewichte auf die Waage und parierte:

»Plär nicht! Deiner Alten wegen brauchst du dir keine Sorgen zu machen, die ist ja nur Haut und Knochen, und die Männer grapschen schließlich nur hin, wo was zum Anfassen ist.«

Damit brachte Fescha ihre üppigen weiblichen Reize dermaßen überzeugend zur Geltung, daß die Männer bewundernd mit der Zunge schnalzten. »Ein kurviges Fahrgestell!«

»Bei so einer Gratiskost würde meine auch Polster ansetzen«, murmelte Jesulein verlegen, aber die Männer beachteten ihn gar nicht mehr.

Jeder erbot sich, Fescha zu helfen.

»Nimm mich wenigstens bis Schipitschicha mit, ich will dir auch den Zucker und die Graupen umladen«, setzte ihr Onkel Roman zu, »oder komm zu uns aufs Floß, sollst es gut bei uns haben!«

Derikrup pflichtete eifrig bei und rezitierte ausdrucksvoll:

»Dich führen wir, des Äthers Söhne,
In unsere Gefilde ein,
Als Fürstin dieser Welt, oh, Schöne,
Und ewigliche Freundin mein.«

»Richtig, wie 'ne Fürstin sollst du's bei uns haben«, bestätigte einer der Flößer.

Aber Fescha wollte nicht Fürstin sein und schlug Derikrup, der ihr etwas zuflüsterte, den Teller um die Ohren.

An diesem Tag herrschte Lärm und Trubel auf dem Floß. Man war bester Stimmung, es ging hoch her. Die Flößer hatten sich rasiert, frische Hemden angezogen und Wodka eingekauft. Archimandrit verkroch sich unter eine Schlafbank und wagte keinen Mucks. Für Ilja gab es nichts zu tun, er lungerte verloren auf dem Floß herum und wußte nichts mit sich anzufangen.

Als Fescha erfuhr, was es für eine Bewandtnis mit Ilja hatte, fühlte sie Mitleid und schüttete ihm eine Handvoll Fruchtbonbons in die Tasche. Nach Ladenschluß setzte sie sich neben das Steuerruder und fragte den Jungen aus. Fescha hatte einmal ein Söhnchen gehabt, das ganz klein gestorben war.

Die angekoppelten Pferde grasten auf der Lichtung. Gegen Abend ließ die Bremsenplage nach, die Pferde rieben die Hälse aneinander, schlugen gewohnheitsmäßig mit den Schwänzen nach den Stechfliegen und dösten im Stehen.

Während die Männer Lebensmittel empfingen, während sie Fescha umschwärmten und Süßholz raspelten, spannte der Filmvorführer seine Leinwand, die früher einmal bestimmt weiß gewesen war, an zwei in die Erde gespießten Flößerstangen auf. Damit der Vorführapparat gerade stand, schob man Knüppel, Klötze, Holzscheite unter. Zur handbetriebenen Dynamomaschine zogen sich abgewetzte Drähte.

Bruder Asari warf die Maschine an, es gab ein Surren, Knistern und Knattern, und auf der schmutziggrauen Leinwand erschienen ein verregneter Fleck, dann blasse Buchstaben.

Alle lasen:

»WENN DIE TOTEN AUFERSTEHEN« und schrien sich sogleich an: »Ruhe! Jeder liest für sich!«

Der Vorführer, der auf einem Holzklotz stand und die Kurbel drehte, machte eine brüske Bewegung, der Apparat schwankte, ein untergeschobenes Klötzchen rutschte weg, und der breite Lichtstrahl schoß über die Leinwand hinweg auf den Fluß, die Felsen, riß eine reglose Espe aus der Finsternis. Kwa! Kwa! Kwa! rief ein überraschter Schwarzspecht, der auf dem Baum geschlafen hatte, er versuchte dem Licht zu entkommen und plumpste, schlaftrunken, wie er war, ins Wasser.

»Hol dich der Teufel! Immer geht was schief!« schimpfte ein Flößer.

»Keine Aufregung, Leute!« besänftigte der Vorführer gewohnheitsmäßig mit eintöniger Stimme. »Die kleine Störung ist gleich behoben. Hallo, Kleiner«, wandte er sich an Ilja, dessen Blick fasziniert am Apparat hing, »reich mir mal ein Klötzchen rüber.«

»Ablösung!« verlangte Asari, der immer noch die Dynamomaschine betätigte, allein die Ablösung hatte es nicht eilig.

»Kurble noch ein bißchen, jeder muß einen Teil und sogar noch etwas länger drehen«, wurde ihm geantwortet.

Asari wechselte die Hand, und die Dynamomaschine surrte erneut monoton und einschläfernd.

Es war ein Stummfilm, furchtbar ulkig – von einem Vagabunden, der das Heimatdorf verlassen hatte. Die Popen gaben ihn als gestorben aus und beerdigten statt seiner den Kirchenschatz. Der Vagabund kehrte jedoch völlig unerwartet zurück. In ihrer Angst versuchten die Popen, ihn zu bestechen, und gingen ihm auf jede erdenkliche Weise um den Bart.

Den Vagabunden spielte der junge Igor Iljinski. Wenn allein schon sein rundes Schelmengesicht mit der Kerbe im Kinn, den Brauen, die Kommas glichen, dem ungekämmten Schopf, in dem jedes Haar nach einer anderen Richtung strebte, auf der Leinwand erschien, hielten sich die Flößer die Seiten.

Als sich der Vagabund nachts zur ahnungslosen Popenfrau schlich, die fest überzeugt war, daß er das Zeitliche gesegnet hatte, und sich obendrein rittlings auf sie setzte und sein Gold verlangte, konnten die Flößer nur noch ächzen, sie zappelten mit den Beinen und stießen sich gegenseitig an. Nachdem der erste Teil zu Ende war, baten sie, völlig aufgelöst, der Vorführer solle eine kleine Pause einlegen, bis ihre Bauchschmerzen etwas nachgelassen hätten. Aber der Vorführer erklärte, er habe noch viele Reviere zu bedienen, er würde erwartet.

In jener Zeit waren Filmvorführer und Chauffeure »große Fische« und taten sehr wichtig.

Der Film ging weiter. Das Ende war traurig. Die von den Popen verdummten Bauern packten den aus dem Jenseits Erschienenen und brachten ihn nun endgültig auf den Friedhof, mitsamt seinem Kreuz und Sarg.

»Donnerwetter, was machen die bloß!« schimpfte einer der Männer. »Sieh einer diese Unbildung, sie tragen einen lebenden Menschen zu Grabe.«

»Aber wie er auf der Popenfrau saß, was? Und die Popenfrau erst! Hahaha!«

»Nein, wartet mal!« schrie Jesulein. »Wißt ihr noch, wie er baden ging? Zieht das Hemd aus, knöpft die Hose auf und guckt mich an. Ich dachte mir: Zieht er die wirklich aus? Als hätt er meine Gedanken erraten, schüttelt er den Kopf und hockt sich ins Schilf. Möchte bloß wissen, weshalb die Obrigkeit solche Schamlosigkeiten duldet!«

»Und nachher erst ...! Nein, wart doch mal«, unterbrach ihn Gawrila, »nachher tauchte er doch, bloß auf dem See haben sie gefischt, und er ist ins Netz geraten. Und die im Boot, hahaha, haben sicher geglaubt, ihnen wäre ein Riesenlachs ins Garn gegangen, hahaha, oh, ich kann nicht mehr!«

»Und statt des Lachses – bums – taucht seine Visage aus dem Wasser!« kreischte Jesulein. »Na, so ein Ulk, Ehrenwort, die haben vielleicht Einfälle!«

Die ganze Nacht drehten sich alle Gespräche auf dem Floß um den Film. Ilja hatte ebenfalls bis zu Bauchkrämpfen gelacht und versuchte nun auch mitzureden. Derikrup wollte erzählen, wie Filme gedreht würden, aber die anderen fielen ihm andauernd ins Wort.

Nachdem alle Geschäfte und Abrechnungen abgewickelt waren, spannten die Gäste aus Ust-Mara am nächsten Morgen gleich nach dem Frühstück die Pferde an und zogen weiter – zu den weitab gelegenen Waldsiedlungen. Fescha stand im Heck der Barkasse und blickte schwermütig zu Ilja zurück. Die Barkasse entschwand hinter der nächsten Flußbiegung. In der Ferne hörte man noch lange das Klappern der Hufe auf den Steinen und die anfeuernden Rufe des Pferdewarts.

Die Flößer rauchten Papirossy, die sie nach Empfang der Löhnung gekauft hatten, und rüsteten zum Gelage, zur traditionellen Zecherei – anläßlich ebendieser Löhnung. Das war so Brauch bei allen Flößern seit eh und je, dagegen durfte sich niemand auflehnen, nicht mal der Brigadier Trifon Letjaga, auf ihn hätte auch keiner gehört.

Das Lied von der Möwe

Die Flößer breiteten ihre Wettermäntel mitten auf dem Floß aus, entfachten ein Feuer, öffneten die Konservendosen und schnitten Wurst auf. Ilja pflückte derweil Lauch am Ufer.

Das Saufgelage begann. Es begann so streng und würdig, als vollbrächten die Männer ein feierliches und überaus ehrenvolles Werk. Den Wodka tranken sie aus Bechern, sie teilten ihn mit dem einzigen Glas ein, das sie sich auf der Barkasse besorgt hatten.

Sie sprachen: »Zum Wohl!«, »Geb Gott, daß es nicht das letzte Glas ist!«, »Wenn wir am Leben bleiben, sehn wir uns unterm Tisch wieder! Stimmt's?« und leerten die Becher auf einen Zug. Zuerst aßen sie den überreifen, verholzten Lauch nach, der wie Sumpfschachtelhalm zwischen den Zähnen knirschte. Dann gossen sie den zweiten Becher in sachlichem Schweigen hinunter, sogar ohne zu scherzen, und verspeisten die Wurst.

Der einzige, der keinen Bissen aß, war Onkel Roman. Seine Augen zeigten einen fiebrigen Glanz, seine welken Wangen überzogen sich mit einer schwachen Röte.

Nach dem dritten Becher klopften sich die Männer auf die Taschen, wo die Papirossy lagen. Bruder Asari stieg das Blut zu Kopf, so heftig mußte er an seinem Glimmstengel Marke »Rakete« ziehen. Das Ende davon war, daß er die ganze Packung auf die Stämme schleuderte. Onkel Roman, der gemütlich seine Pfeife schmauchte, feixte spöttisch.

»Ein Dreck ist das und kein Tabak«, sagte Asari zu Onkel Roman. »Reich mal deinen Knaster rüber.«

Außer Derikrup wollte keiner mehr die fabrikgefertigten Papirossy rauchen, jeder drehte sich ein Stäbchen aus dem gesegneten, von vielen Generationen russischer Raucher für gut befundenen Selbstgebauten.

»Tjutjunnikschlote«, meinte Derikrup spöttisch und brachte die Männer mit dem unbekannten Wort zum Lachen. »Mit eurem Kraut würdet ihr die renommierteste Tabakfirma ruinieren. Stimmt's?«

Alle lobten den Selbstgebauten, dem nicht einmal die raffiniertesten Sorten das Wasser reichen konnten.

Nur Jesulein, der Nichtraucher, lächelte selig vor sich hin und rief ein ums andere Mal:

»Hab drei Zehner fürs Trinken verpulvert, aber mir ist's Wurst! Hab das Geld verjuxt, Kinder! Aber mir tut's nicht leid! Wozu arbeiten wir schließlich?«

Ilja schien jedoch, Jesulein bereute die Ausgabe, ebendarum tat er jetzt so großartig.

Trifon Letjaga polkte das Schmorfleisch mit dem Finger aus der Büchse und sprach zu den Brüdern:

»Wißt ihr, weshalb ich euch achte? Weil ihr so arbeitsam seid!«

Offenen Mundes und liebevoll lächelnd, sah Bratpfanne auf Trifon, auf Onkel Roman, auf Derikrup, der vom Thema Tabak zur Kunst übergegangen war und sich nun mit der Faust gegen die Brust schlug.

»Liebe ich das Volk? Jawohl, ich liebe es! Bin ich Ukrainer? Und ob ich einer bin! Was ich mir vornehme, das erreiche ich! Oh, eines Tages werde ich noch meine große Bühnenrolle spielen! Stimmt's?«

»Aber ja, aber sicher, Grischa«, bestätigte Bratpfanne, jetzt die Gutmütigkeit selbst. Ilja erfuhr erst heute, daß Derikrup einen Vornamen hatte.

Die Flößer tranken jetzt, ohne etwas zu essen. Ilja packte das Grauen. Die ursprüngliche Ordnung war vergessen, jeder goß sich selbst ein, und alle redeten durcheinander. Sie herzten Ilja, quetschten ihn wie einen Ball und benetzten ihn mit ihren Tränen. Bratpfanne küßte ihn schluchzend und schmatzte mit den nassen Lippen.

»Bist ein unglückliches Waisenkind ... Und alles bloß wegen der Vielweiberei, der verdammten Vielweiberei!« brüllte er plötzlich und hieb die Faust auf den Stamm.

Trifon Letjaga umarmte Ilja und drohte:

»Wofür hat man das Jungchen geschlagen? Warum hat man's gekränkt? Oh, ich würd deinem Vater ...«

»Nun seh ich klar, durchschaue ihre Ränke, kenn ihr Ziel, darum setz ich mich heute nicht zum Spiel«, schmetterte Derikrup mit tragischer Stimme.

Benommen hörte Ilja zu, der wie eine Puppe von Hand zu Hand gereicht wurde. Bruder Gawrila schob ihm seinen Becher mit Wodka zu.

»Trink, Junge, trink auf dein und unser Leben.«

Alle schrien sogleich:

»Trink, Iljuscha, trink! Du bist auch Arbeiter und gehörst zu uns. Trink aus!«

Ilja nahm einen Schluck, die Augen quollen ihm aus den Höhlen.

»Los, los!« redeten ihm die Flößer zu, aber da stimmte einer ein Lied an, und Ilja war sofort vergessen.

Er lief an den Rand des Floßes, um den Wodka wegzuschütten, konnte sich jedoch nicht dazu entschließen. Wodka war zwar Gift, aber er kostete Geld. Ilja fand die alte Büchse, in der noch die Würmer lagen, und goß den Wodka behutsam hinein. Den Becher stellte er verstohlen in den Kreis zurück.

Anfangs sangen die Flößer unharmonisch durcheinander, nachher ging es schon etwas besser. Über dem stillen Strom, zwischen den dunklen Ufern, ertönte das Lied von der Möwe:

»Kreist nicht, ihr Möwen, überm Meer,
kein Platz zur Ruh in weiter Runde.
Fliegt nach Sibirien so fern,
und traget hin die Trauerkunde.«

Die betrunkenen unheimlichen Männer, grob und fremd, wirkten sogleich vertrauter, wurden verständlicher.

Onkel Roman, der liebe Mond, sang, und über sein Gesicht rannen dicke Tränen. Sein zahnloser Mund verzog sich und zitterte. Ilja schien auf einmal, daß dieser nie verzagende Stromer seines Lebens müde war und nichts sehnlicher wünschte als Ruhe und Geborgenheit. Vielleicht erinnerte sich der Alte an den jungen Burschen, der durchs Dorf geschlendert war und herausfordernd gegrölt hatte:

»Vergnüg mich heut die ganze Nacht,
reiche Pinkel, gebet acht,
reiche Pinkel, seht euch vor,
knall euch eine hinters Ohr!«

Ach, Onkel Roman, Onkel Roman, warum treibst du's so arg? Alle taten sie Ilja leid.

Das Lied von der Möwe schwang sich hoch und immer höher. In dieser Gegend nisteten keine Möwen, sie zogen irgendwo in der Ferne vorüber. Möwen hatte Ilja noch nie gesehen. Aber da es das Lied gab, mußte dieser Vogel bestimmt sehr schön sein. Mit so viel Liebe würde man einen häßlichen Vogel nicht besingen.

Möwen sollten weiß sein, hieß es. Aber das war zuwenig für einen solchen Vogel. Iljas Vorstellung malte ihn bunt, und so fliegt die Möwe wie der Widerschein einer

Flamme, wie der langschwänzige Feuervogel über die hohen Berge, über reißende Bäche, über die dunklen Wälder zu Großvater und Großmutter.

Und dann denkt Ilja an einen ebensolchen taufrischen Abend, an dem er aus der Sauna übers Gemüsefeld läuft. Von den schweren Blättern der Kohlrüben rollt der Tau in seine Bastschuhe und brennt auf den Füßen. Es riecht nach Hanf, riecht nach Gurken, riecht brandig nach Mistqualm. Da ist schon die Vortreppe mit der durchgebrochenen Stufe. Schnell patschen die taunassen Bastschuhe hinauf. Er hört Oma schimpfen: »Zieh die Schuhe aus. Der Fußboden ist frisch geschrubbt.«

Auf dem Boden liegen Matten, von denen ein brunnenkalter Duft aufsteigt. Berauschender Hefegeruch umfängt Ilja. Großmutter knetet Sauerteig und schmeckt ihn mit dem Holzlöffel ab. Auf dem Tisch, lang wie die Schlafbank, steht eine Kruke kuhwarme Milch – für ihn, für Ilja. Die Katze schnuppert mit der schnurrbärtigen Schnauze an der Kruke. Großmutter schlägt ihr den Löffelstiel über den Kopf. »Laß das! Siehst wohl nicht deinen Napf? Die Milch steht für Ilja da.«

Nein, was ist er doch für ein Glückspilz! Er hat Großvater und Großmutter, er schwimmt zu ihnen, ohne daß sie was davon ahnen. Bloß eben langsam. Die Flößer haben ihn aufgenommen. Gute Menschen, sehr gute. Nun ja, sie trinken, was kann man da schon machen, es ist Brauch. Aber wie sie singen! Herrlich! Es kratzt ihn richtig in der Kehle. Wie sehr sie ihm leid tun, er hält's vor Mitleid einfach nicht aus.

Bestimmt hätte er losgeheult wie ein Weibsbild, bloß das Lied war aus. Aber die Möwe kreiste noch lange über dem Wasser, wischte mit den Schwingen den Frieden von den Höhen und versank dann in einer Schlucht.

Schwermütige Stille.

Über den Bergzinnen, zu ihren Häupten standen die Sternenheere. Kaum hörbar plätscherte die Mara, als habe das Lied sie eingeschläfert. Die Nacht, fahl im grauen Morgenlicht, lauschte wie eine strenge, verständnisvolle Mutter den Menschen, die ihr mit dem Lied erzählten, was sie auszudrücken vermochten, und auch das, was sie nicht ausdrücken konnten.

Bedrückt und schweigsam saßen die Flößer da. Sie wollten schon auseinandergehen, da der Wodka alle war, aber Jesulein verspürte auf einmal den Drang, einen Scherzreim anzustimmen:

»Ach, wohin geht der Schritt?
Wohin wandern wir im Tritt?
Eine Jacke für uns drei,
darin jackeln wir zu dritt.«

Die Seligkeit des stillen Abends, der Wohllaut des Liedes, das die Herzen der Flößer erfüllt hatte, waren auf einen Schlag weggewischt.

Bruder Gawrila, dem der Teufel tief im Innern saß und nur nach Alkoholgenuß erwachte, starrte Jesulein mit jäh aufkochender gewalttätiger Wut an.

»Möchtest sicher eins in die Schnauze?«

Kein richtiges Gelage ohne Schlägerei. Eigentlich hätte Ilja nichts dagegen, daß Jesulein sein Fett abbekam, aber Gawrila war allzu wild, er könnte den Mucker noch umbringen, und dann hätte Onkel Trifon die Folgen auszubaden. Zaghaft zupfte Ilja Bruder Gawrila am Ärmel.

»Onkel Gawrila, komm, wir gehn zu Bett.«

Baß erstaunt sah sich Gawrila nach dem Jungen um, schien etwas zu überlegen und hätte Jesulein gewiß ungeschoren gelassen, hätte der nicht selbst Öl ins Feuer gegossen.

»Was bist du doch für ein Kamuffel«, sagte er und wiegte mitleidig den Kopf.

Das »Kamuffel« schien Gawrila nicht zu schmecken, er packte Jesulein an der schmächtigen Brust, daß dessen

Hemd aufplatzte und die Knöpfe nach allen Seiten spritzten. Trifon war mit einem Satz zwischen Gawrila und Jesulein, während Asari, das andere Bruderherz, sich schon Gawrila zugesellte.

»Gawrila, heute wird nicht gerauft!« verwies ihn der Brigadier schroff. »Wenn du Sperenzchen machst, fesseln wir dich!«

»Wen? Mich?« entgegnete Gawrila hochnäsig. »So einer ist noch nicht geboren, der mich fesseln könnte.« Gawrila ließ Jesulein los, der sogleich in die Baracke schlüpfte, und drängte nun auf Trifon Letjaga ein.

Der Brigadier zwinkerte den beiden anderen zu. Jemand stellte Gawrila ein Bein, und er krachte mit dem Rücken auf die Holzstämme. Fünf Minuten später lag er auf seiner Schlafbank. Bereits an Händen und Füßen gefesselt, staunte Gawrila noch immer:

»Wen? Mi-ich?« So schlief er auch ein, in der vollen Gewißheit, daß es den Mann noch nicht gab, der gewagt hätte, ihn, den Gawrila vom Unterlauf, zu fesseln.

Unmerklich stahl sich in der Dunkelheit ein leiser Nieselregen heran, der nun still herabrieselte. Einer nach dem anderen verzogen sich die Flößer in die Baracke. Derikrup, der Bratpfanne den ganzen Abend über mit eintöniger Stimme Verse und Monologe vorgetragen hatte, schlief mit ihm brüderlich umarmt draußen auf den Stämmen ein. Ilja versuchte, sie auseinanderzuzerren und in die Baracke zu schleppen, aber dazu reichten seine Kräfte nicht aus, und er deckte die beiden Zechbrüder mit Wettermänteln zu.

Onkel Roman stöhnte und quälte sich im Schlaf. Sein Atem ging schwer und stockend. Ilja lauschte seinem Ächzen, ihn überlief Angstschweiß, weil er befürchtete, daß Onkel Roman am Verscheiden sei.

Vor Tagesanbruch verstärkte sich der Regen, spülte die Zigarettenstummel und die Papierfetzen weg. Langsam dämmerte ein grauer Morgen hinter den Bergen herauf, der die Natur nicht aus dem Schlummer weckte, sondern in einen noch tieferen Schlaf versenkte. Sogar die Vögel, die Vorboten des Morgens, überließen sich im unzugänglichen Dickicht und im Tannengehölz ihrem leisen Schlaf.

Ilja heizte den Ofen und setzte die Nudeln auf. Der Ofen wärmte, draußen rauschte der Regen und floß in unregelmäßigen Bächen am schmalen Barackenfenster hinab. Unversehens schlief der Junge ein.

Der hungrige Archimandrit kroch auf dem Bauch unter der Schlafbank hervor, ruckte ein paarmal mit der Schwanzquaste, konnte der Versuchung schließlich nicht widerstehen und leckte den Löffel ab, den Ilja in der Faust hielt.

Katzenjammer

Den Flößern wurde das Aufstehen sauer, sie erhoben sich ächzend, schimpften lustlos miteinander. Derikrup tauchte den birnenförmigen Kopf ins Wasser, trocknete sich das Gesicht mit dem Taschentuch und klagte ebenso sehnsüchtig wie hoffnungslos:

»Jetzt ein saures Äpfelchen oder einen Schluck Kwaß!«

Nur die Brüder frühstückten. Gawrila massierte sich den ganzen Morgen über die Hände und hob und senkte sie Schultern. Der Strick hatte sich ihm schmerzhaft in die Gelenke eingeschnitten. Aber er schimpfte nicht und nahm es keinem krumm. Die Tatsache, daß man ihn gefesselt hatte, war etwas Alltägliches und verstand sich von selbst.

Trifon lehnte das Essen gereizt ab, Derikrup ebenfalls. Bratpfanne aß zwei Löffel Nudeln, rannte aber sogleich zum Wasser.

Am übelsten sah Onkel Roman aus. Unter seinen Augen hingen dunkle Säcke, der Nasenrücken war blau angelaufen, die Hände zitterten. Bei jedem Schritt griff sich der Alte ans Kreuz.

»Du bleibst da, Onkel Roman«, sagte Trifon Letjaga. »Heute schaffst du sowieso nichts.«

»Wieso denn?« protestierte Jesulein, der ebenfalls krächzte und das Gesicht verzog. »Katzenjammer haben alle, ausnahmslos alle! Warum wird ausgerechnet der Glatzkopf vorgezogen?«

»Meinetwegen. Bei der Abrechnung kriegst du Onkel Romans Anteil für heute. Zufrieden? Nimm also deine Stange und plärr nicht!« sagte der Brigadier wütend.

Stumm zogen die Flößer im Gänsemarsch am Ufer entlang. Und schon bald hörte Ilja, der das Feuer entfachte, den gewohnten Refrain:

»Hau ruck, noch einmal!
Mädels lieb ich rund und drall.«

Mühsam richtete sich Onkel Roman am Feuer ein. Die Pfeife hatte er im Rausch irgendwo liegenlassen und versuchte nun vergeblich, eine Zigarette zu drehen. Seine Finger tanzten, der Tabak krümelte und fiel zu Boden.

»Vielleicht drehst du sie mir, Iljuscha? Mein Herz macht mir zu schaffen, hol 's der Kuckuck«, klagte der Alte und rieb sich die breite, aber schon eingefallene Brust.

»Du darfst sicher nicht trinken?«

»Ich darf 's wirklich nicht, Iljuscha. Die Heiler haben mir 's strengstens verboten.«

»Und du kümmelst trotzdem!« warf der Junge dem Alten vor und hielt ihm das ungeschickt gedrehte Stäbchen hin.

Onkel Roman beugte sich schwerfällig zum Feuer vor, griff nach einem glimmenden Zweig und brannte sich die Selbstgedrehte an.

»Bin schwach, Iljuscha, ach, wie schwach«, barmte der Alte. »Wenn ich ihn nur sehe, den Verfluchten, ganz besonders wenn mir sein Duft in die Nase steigt, zittern mir die Därme im Leib, mir wird gleich ganz komisch und durstig zumute. Kurz gesagt, der Verstand ist mit einemmal wie ausgeknipst und duster.«

Onkel Roman spie aus, wischte sich den Mund und fuhr ebenso monoton und leidenschaftslos fort:

»Würdest du mir jetzt sagen: Trink, Onkel Roman, aber in einer Stunde mußt du dran sterben, dann würde ich sowieso trinken, weil mir mein Inneres nicht mehr gehorcht.«

Ilja hörte mürrisch zu. Er nahm den Teekessel vom Feuer, schüttete eine Handvoll Tee hinein, ging in die Baracke, holte die klebrigen Fruchtbonbons, die ihm Fescha geschenkt hatte, und brummte mit der Stimme einer unzufriedenen, jedoch mitleidigen Hausfrau, die sich in der Säuferpsyche bestens auskennt:

»Trink Tee und nimm Bonbons dazu, vielleicht geht's dir dann besser. Ich habe ihn extra stark gekocht.«

»Ja, Tee tut gut«, bestätigte der Alte. »Aber von Bonbons will ich nichts wissen, die lutsch du selbst.« Onkel Roman schlürfte den Tee mit bebenden Lippen und sagte verträumt: »Wenn ich jetzt wenigstens ein paar Schlückchen hätte, Iljuscha, um den Kater zu vertreiben, dann wär mir gleich besser.«

Ilja dachte kurz nach. Ohne etwas zu sagen, ging er in die Baracke und untersuchte alle leeren Flaschen, aber es war kein Tropfen mehr drin. Dann warf er einen Blick in die Büchse, in die er gestern den Wodka geschüttet hatte. Sie war bis an den Rand voll Regenwasser, roch aber noch nach Branntwein. Er befürchtete, den Alten zu kränken, und sagte zögernd, indem er ihm die Büchse hinhielt:

»Vielleicht seihst du 's durch einen Lappen?«

Onkel Romans Nasenflügel blähten sich.

»Aha, aha, zeig mal her, was du da hast.«

Er sah in die Büchse und schlug mit lässiger Gebärde ein paar Kreuze darüber.

»Das wär's! Jetzt hat sich die ganze Seuche draus verflüchtigt. Jesulein sagt, daß das Kreuz sogar den Teufel abschreckt, und Apostel Paulus sprach doch: Trinke nicht mehr nur Wasser, sondern brauche ein wenig Wein um deines Magens willen und weil du oft krank bist ... Und der Apostel ist 'ne ganz andere Nummer als Jesulein! So ein Apostel hat 'nen hohen Posten und quasselt nicht umsonst.«

»Sag mal, deshalb fluchst du wohl nicht?«

»Wie? Ach nein, nicht darum. Warum noch eine üble Angewohnheit annehmen, wo ich doch ohnehin mehr als genug habe.« Dann tat Onkel Roman einen Zug aus der Büchse und bekräftigte mit einem lauten Krächzen: »Jetzt lebt sie wieder, die liebe Sonne. Sie lebt und steigt am Himmelszelt empor.«

Ilja war dem Brechen nahe.

»Na, Jungchen, gib mir mal irgendeinen Lappen. Der liebe Gott hat natürlich Augen wie ein Luchs, aber jede Kreatur kann er schließlich auch nicht im Auge behalten. Da rutscht dir so ein Ungeziefer zwischen den Zähnen in den Magen runter, um so mehr, als ich keine Zähne habe, also kein Schutzgehege gewissermaßen.«

Durch das schmutzige Taschentuch trank der Alte die Neige aus der Büchse, spie aus, zündete sich eine Zigarette an, die er nun schon selbst gedreht hatte, sah aber plötzlich den angewiderten Blick des Jungen.

Onkel Roman wurde still und erklärte nach einem längeren Schweigen kleinlaut:

»Bin schon ein garstiger Knickstiefel, Iljuscha!«

Der Junge gab keine Antwort, er salzte gerade die Suppe und schnitt Zwiebeln auf einem Brettchen.

»Garstig, jawohl, garstig. Hab mein Leben vertan, in den Wind gelebt. Verurteile mich, Iljuscha, tu's getrost. Und merk dir, wie ich den Wodka mit den Würmern gesoffen habe. Vergiß das nie. Das Leben ist nämlich wie eine Großstadt. Wie leicht verirrt man sich darin. Um sich nicht zu verlaufen, muß man immer die Hauptstraße langgehen. Ich dagegen hab mich mein Lebtag in den Seitengassen rumgetrieben. Allerdings auch nicht immer.

Anfangs bin ich die Hauptstraße langgestiefelt, bloß da ist zu helles Licht, und man ist von Kopf bis Fuß zu sehen, mit allen Blößen und Mängeln. Die Gassen aber lokken, da sieht man Laternen blinken, hört Lieder singen, dort drückt man auch ein Auge zu ... Ach, Iljuscha, laß dich nicht verleiten, meide die Gassen und Gäßchen. Halt die Ohren steif, Junge, und laß dich nicht irremachen.«

Die Rede des Alten kam Ilja sonderbar vor, er wußte nicht recht, was er davon halten sollte. War der Alte vielleicht übergeschnappt? Nein, er redete zwar wie im Tran, aber immerhin in richtigen Sätzen. Schon gestern hatte sich Ilja gewundert, daß dieser Bruder Lustig und Leichtfuß beim Singen am meisten geweint hatte. Offenbar hatte Onkel Roman genau wie die Stiefmutter etwas falsch gemacht im Leben. Ähnelte das Leben tatsächlich einem Hemd, das man auftrug, ehe man es merkte?

»Großvater, du solltest dich aufs Ohr legen und dich ausruhn«, bemerkte Ilja mitleidig. So nannte er ihn zum erstenmal, gewiß aus Teilnahme. Übrigens merkte es weder der eine noch der andere. Onkel Roman versuchte bereits zu singen, mit gequetschter Stimme, in der schwache Seufzer hochquollen.

Widerspruchslos befolgte er Iljas Rat und kletterte auf die Schlafbank. Durch die geöffnete Baracke drang noch lange sein schwermütiges Singen:

»Nein, nicht für mich bricht an der Lenz,
nicht mich erfreut der Don mit seinen Fluten.«

Nach dem Mittagessen machte er sich wortlos fertig und begab sich mit den anderen zur Arbeit.

Der Regen, der am Morgen nachgelassen hatte, setzte wieder ein, es begann erneut zu nieseln und zu fisseln, und alles ringsum überzog sich mit einem feinen flirrenden Spinngewebe. Die Flößer hüllten sich in ihre Segeltuchjacken und Wettermäntel, gingen am Wasser entlang, erstiegen das Steilufer und verschwanden hinter der nächsten Biegung.

Ilja war es peinlich, in der warmen, trockenen Baracke zu bleiben. Er beschloß, auch etwas überzuziehen und in die Beeren zu gehen. Er fuhr in die weiten Männerstiefel. Statt Fußlappen hatte er Zwiebacksäcke um die Füße gewickelt. Die Ärmel der Segeltuchjacke mußte er bis zur Hälfte hochkrempeln. Er verließ die Baracke mit einem Eimer und stemmte einen Knüppel gegen die Tür.

Ein Weilchen stand er still und hielt Umschau. Der Regen nahm zu. Die fernen Berge lagen im Dunst der niedrigen Wolken. Auf dem Strom trieben Schaumblasen. Nun zeigten sich auch die ersten gelben Blätter auf dem Wasser. Die Wälder waren verstummt, in den Buchten sanken die verflochtenen Strähnen der dünnen Algen schon langsam auf den Grund. Vereinzelte Entenschwärme rauschten tief über den Strom. Sie machten ihre Probeflüge vor dem großen Zug.

Der Herbst stand vor der Tür, und die Flößer waren jetzt länger zu Hause. Im Dunkeln war nicht viel auszurichten. Die ganze Runde knabberte Zirbelnüsse, kaute schmatzend Lärchenharz, spielte Dame, las alte Zeitungen und Bücher, diskutierte über die internationale Politik und die Frau des Leiters des Flößereikontors und sehnte die Ankunft der Barkasse herbei.

Ebendiese langen müßigen Abende beschloß der Brigadier Trifon Letjaga zu nutzen.

Die Lehrer und der Schüler

An einem solchen regnerischen Abend sagte Trifon Letjaga auf dem Heimweg zu Derikrup:

»Das Jungchen hat in der Schule viel versäumt, solltest dich mal mit ihm abgeben. Abends faulenzen wir ja sowieso herum.«

»Was?« Derikrup sah mit trübem Blick zu Trifon hoch. In letzter Zeit war er melancholisch – offenbar war das Wetter schuld.

»Solltest Ilja Nachhilfeunterricht geben, sag ich, sonst kommt er doch nie und nimmer in die zweite Klasse, nachdem er so lange nicht mehr zur Schule gegangen ist, und für die erste ist er zu groß.«

Derikrup blieb stehen und dachte lange nach, dann warf er die Flößerstange in die Luft und fing sie wieder auf.

»Eine Idee! Stimmt's?« rief er lebhaft. »Allerdings haben wir weder Lehrbücher noch Hefte, aber keine Sorge, ich arbeite mit ihm nach meiner Methode.«

»Bloß bitte keine Experimente«, warnte Trifon. »Es geht immerhin um einen Menschen.«

»Du ahnst gar nicht, wozu ich alles tauge!« widersprach Derikrup. »Du wirst dich überzeugen, was Grischa Krupodjor alles kann.«

Nach dem Abendbrot befahl er Ilja nachdrücklich:

»Wir wollen erst mal Hygiene auf dem Tisch schaffen, und dann will ich dich unterrichten. Von heute an bist du als Lernkörper des Volksbildungswesens zu betrachten.«

Ilja setzte sich vor Überraschung hin, die Männer erkundigten sich schüchtern bei Derikrup:

»Wie ist denn das zu verstehen?«

»Ihr braucht nichts zu verstehen. Von euch wird weiter nichts verlangt, als daß ihr mich bei der Arbeit mit meinem Schüler keinesfalls stört und die Bedingungen schafft, die für den Unterricht nötig sind: Ihr müßt rechtzeitig das Zimmer räumen, na und so weiter.«

So wichtigtuerisch hatte Derikrup noch nie gesprochen.

Kopfschüttelnd verließen die Männer einer nach dem anderen die Baracke. Jesulein, der an den Rand des Floßes trat, nickte zum Fenster hin, hinter dem der langhalsige Derikrup zu sehen war.

»Der wird ihm beibringen, durch ein Nadelöhr zu kriechen oder den Mond anzubellen, die rechte Wissenschaft wird er ihm eintrichtern.«

»Schon wieder die alte Leier!«

»Ruhe, flickt inzwischen lieber die Taue, als mit der Zunge zu dreschen«, befahl Trifon Letjaga. »Seht mal die zerbrochenen Flößerstangen, ein ganzer Haufen, repariert sie, setzt die Zwingen auf. Und merkt euch, Derikrup treibt nicht Firlefanz. Also richtet euch danach!«

In der Baracke aber saß der von Derikrups wichtigem Gehabe eingeschüchterte Ilja am Tisch und versuchte, an den Fingern sieben von zwanzig abzuziehen. Die Finger reichten nicht aus, und das Einmaleins kannte er nicht. Es ging und ging nicht, weder vor noch zurück.

Derikrup sah Ilja so verzweifelt mit den Fingern manipulieren, daß sich seine sommersprossige Nase mit Schweißperlen bedeckte, und begriff, daß ihm ein pädagogischer Schnitzer unterlaufen war. Der Student räusperte sich überlegen hinter der vorgehaltenen Hand und wanderte schleifenden Schrittes mit versonnener Miene durch die Baracke.

»Nun schön, das Rechnen wollen wir vorerst lassen«, entschied Derikrup. »Jetzt wollen wir lesen und nachher das Abc üben. Ich habe hier ein paar Bücher liegen.« Damit öffnete der »Lehrer« sein Köfferchen. Auf der Innenseite des Deckels war ein Foto angezweckt, und darauf erblickte Ilja ein Ding, das wie ein riesiger Hühnerstall aussah, aus dem eine Wasserflut brach, oder wie ein großer Zaun. Kurzum etwas Merkwürdiges. Derikrup entging nicht, daß Ilja die Aufnahme neugierig anstarrte, und knipste mit dem Finger dagegen.

»Der Dnjeprogres, das Kraftwerk. Weißt du, was das für eine Anlage ist und welche Bedeutung sie für unser Land hat?«

»Nee. Das Wasser sprudelt ja stärker als an einer Stromschnelle.«

»Stromschnelle!« Derikrup schnaubte verächtlich durch die Nase.

»Keinen Dunst hast du. Stimmt's?«

Ilja richtete sich gekränkt auf. Derikrup aber begann begeistert vom Dnjeprkraftwerk und von der Ukraine zu erzählen, namentlich von seinem Dorf Pogorybzi, dem schönsten auf der Welt – jetzt und höchstwahrscheinlich in aller Zukunft. Ilja staunte, daß es Gegenden auf der Welt gab, wo so viele Äpfel wuchsen, daß man sich daran satt essen konnte und keiner was dagegen hatte. Nur einmal im Leben hatte Ilja einen Apfel gekostet, und auch nur einen halben, als die Oma ihn zu einem Besuch bei einer städtischen Tante mit Goldzähnen im Mund mitgenommen hatte. Und Derikrup sagte, Äpfel seien ein Quark, es gäbe außerdem Birnen, Weintrauben, Pflaumen, Mais und Kartoffeln in Hülle und Fülle.

Was nicht alles für Früchte in dieser Ukraine wuchsen!

Dort lag also das Paradies, dessen Oma ständig in ihren Gebeten gedachte.

Er erkundigte sich mit ungeheuchelter Verwunderung:

»Warum bist du denn aus diesem Paradies abgehauen?«

Derikrup schwieg einen Augenblick, suchte nach einer überzeugenden Antwort, fand jedoch keine und sagte achselzuckend:

»Schicksal. Vater haben die Petljura*-Banditen umgebracht. Mutter ist einundzwanzig an Typhus gestorben, da bin ich eben durch die Welt gewandert und bis nach Sibirien gekommen. Bedenk mal: freiwillig.«

Derikrups Gesicht wurde grau und spitz. Aber dann warf er den Kopf in den Nacken und schmetterte drei Bücher auf den Tisch.

»Da hast du die ganze Weisheit beisammen. Das eine Buch heißt ›Jack Wosmerkin, der Amerikaner‹, das andere ›Rotkopf‹, buchstäblich die Geschichte über uns beide, und das dritte, das dritte . . ., na, das heben wir uns für später auf. In dem Buch schildert Herr Zola, wie es eine Pariser Dame namens Nana mit ihren jungen Freunden getrieben hat. Auf Junggesellen wirkt das Buch ausgesprochen aufreizend. Obwohl du auch einer bist, ich jedoch in deinen Fragebogen ›elf Jahre alt‹ eingetragen habe, wollen wir auf diese spannende Lektüre vorerst verzichten«, Derikrup hob den Zeigefinger, »nämlich aus pädagogischen Erwägungen!«

Ilja mußte Wörter aus den Büchern abschreiben, während Derikrup mit auf dem Rücken verschränkten Händen auf und ab wanderte. Er spielte Lehrer.

»Jack« schrieb Ilja emsig und ergänzte auf eigene Faust und aus eigener Auffassungsgabe heraus: »der Hunt«. Als Derikrup das las, wollte er sich vor Lachen ausschütten, aber Ilja sah ihn wütend an und zeigte nicht übel Lust, von seinen Fäusten Gebrauch zu machen.

* Simon Wassiljewitsch (1879-1926), Führer der ukrainischen bürgerlichen Nationalisten

»Hör mal, Junge«, sagte Derikrup zu dem beleidigt dreinblickenden Ilja, »Jack ist ein Mensch, kapiert?«

Ilja brauste auf.

»Wenn du mir was beibringen willst, dann tu es gefälligst ohne Faxen! Du bildest dir wohl ein, ich kann Hunde- und Menschennamen nicht unterscheiden, was?«

Derikrup sah ziemlich fassungslos drein.

»Ha! Interessant! Das ist vielleicht eine Klemme! Wie soll ich dir was beibringen, Knäblein? Dir ist doch mit keiner Methode beizukommen.«

»So 'ne Methode ist einen Dreck wert! Will dir mal sagen: Willst du mein Lehrer sein, dann nimm die Sache ernst, ich lasse mir kein X für ein U vormachen, und schon gar nicht, wenn es um Hunde geht. Von Hunden versteh ich 'ne Masse. Wir haben einen, der heißt Osman . . .«

»Wieder eine Streitfrage, mein Junge.« Derikrup kratzte sich den Nacken. »Osman hieß nämlich auch ein Mann, ein türkischer Sultan, wenn ich mich nicht irre.«

»Wa-as?«

»Ein Sultan, ein türkischer König hieß so.«

»Laß den Käse, mach weiter«, Ilja runzelte verächtlich die Brauen.

Derikrup blieb nichts übrig, als dem Jungen über verschiedene Länder zu erzählen, und Ilja erfuhr, daß es Länder gibt, wo man keinen Winter, geschweige denn Schnee kennt, wo Affen nicht schlechter als Eichhörnchen auf den Bäumen herumklettern und wo die verschiedenartigsten Tiere hausen und die Früchte so groß werden wie ein Menschenkopf. Ilja glaubte nicht alles, aber es war spannend, Derikrup zuzuhören, und machte viel mehr Spaß als das Rechnen. Eine heikle Wissenschaft, das Rechnen.

Auch am nächsten Abend wurde nichts aus dem Lernen nach »Methode«. Ilja, der den ganzen Abend an das Wunderland Ukraine dachte, fragte als erstes:

»Hat Robinson Crusoe nicht zufällig bei euch gelebt?«

Da ging Derikrup auf, daß er des Guten zuviel getan hatte. Darum begann er ausführlich von der Ukraine zu erzählen, mit gütiger, von Herzen kommender Stimme.

Ein großes, reiches Land. Freiheitsliebende Menschen – Kosaken mit Schnauzbärten. Dunkelblaue Abende. Obstgärten und Baumblüte. Taras Bulba* und seine Söhne. Teufel, die den Mond vom Himmel stahlen, damit sich der berauschte Gevatter im eigenen Dorf verirrte. Derikrup wußte noch alles, er hatte sich seinen ukrainischen Humor bewahrt und die klangvollen Volkslieder nicht vergessen.

Zu Iljas Freude stimmte er an:

»Auf dem Berge,
da mäht die Schnitterin . . .«

Aber er kam nicht zum Weitersingen, obwohl Ilja das Lied gefiel. Die Tür ging auf, und der Brigadier Trifon Letjaga stürmte herein.

»Bei dir geht's wohl nicht ohne Fisimatenten? Kannst nicht anders?«

»Was ist denn? Wir nehmen gerade Geschichte durch.«

»Geschichte! Wär ich nicht der Brigadier, würde ich dir gleich eine Geschichte erzählen«, donnerte Trifon Letjaga und wies auf die Tür. »Mach, daß du rauskommst, solange ich mich noch in der Gewalt habe.«

Mit einem gekränkten Seufzer verließ der »Lehrer« betreten die Baracke. Nun rüffelte der Brigadier Ilja an:

»Auch ein Singvogel! Du hast dich für die Schule vorzubereiten, dir Mühe zu geben, um nicht als Dämel vor dem Lehrer dazustehen, und hörst dir statt dessen Märchen an, weißt bestimmt nicht, wieviel zwei mal fünf ist, läßt dir aber hier Geschichten erzählen.«

* Held der gleichnamigen Erzählung von Nikolai Gogol (1809-1852)

»Zwei mal fünf ist zehn«, erklärte Ilja erfreut, er hatte es unter der Tischplatte rasch an den Fingern abgezählt.

Trifon Letjaga warf die Mütze auf den Tisch und sah an dem Jungen vorbei.

»Na und? Diesmal hast du's erraten, aber wie soll das weitergehen? Wie, frage ich. Gesetzt den Fall, du kriegst ein Kilo Nudeln für unsere ganze Gemeinschaft und sollst das Kilo aufteilen. Wie viele Nudeln sind's je Nase?«

Wie viele Nudeln es je Nase sein würden, das konnte Ilja beim besten Willen nicht berechnen, und nun war es mit seiner Ruhe vorbei, denn von diesem Abend an plagte ihn Trifon Letjaga täglich mit Rechenaufgaben.

Da kam der Brigadier beispielsweise von der Arbeit heim und schrie schon von weitem wie eine Begrüßung:

»Iljuscha! Wir hatten sieben Flößerstangen. Eine hat Jesulein, die Schlafmütze, ins Wasser fallen lassen, zwei hat Gawrila zerbrochen, weil jedes normale Werkzeug für ihn ein Zahnstocher ist. Wie viele Stangen sind also ganz geblieben?«

Das war eine Methode, die es in sich hatte. Alle Männer machten mit. Ilja war immerfort auf der Lauer, um die ebenso überraschenden wie kniffligen Fragen abzuwehren, die ihm die Flößer stellten, sobald ihnen etwas zum Rechnen einfiel. Ilja brauchte bloß einen Armvoll Brennholz zu bringen und den Ofen anzuheizen, schon überfiel ihn einer mit der Frage: »Wie viele Knüppel hast du mitgebracht? Wie viele hast du in den Ofen gesteckt? Wie viele bleiben also übrig?« Die Aufgaben betrafen nicht nur alltägliche Gegenstände, je nach der Stimmung der Flößer enthielten sie auch spöttische Anspielungen oder bezogen sich auf politische Dinge.

Eine lautete:

»Onkel Roman hat jetzt noch sechzehn Haare auf dem Kopf, früher hatte er vierunddreißig, die Hälfte haben ihm die kleinen Mädchen herausgezupft, die anderen hat er in seiner Partisanenzeit vor Schreck verloren ...«

»Quatschkopf, daß dich doch . . .«, schimpfte Onkel Roman gutmütig. »Damit du's weißt, ich hatte so eine Tolle!«, und der Alte hob die Hand fast eine halbe Elle über die Glatze. »Kann mich erinnern, hier am Osnobicha-Paß gab's ein Schlamassel, ein wahres Blutbad! Damals bin ich um ein Haar einem Steinschlag entkommen, wurde von dem Geröll fast begraben.«

Bedächtig stopfte der Alte die Pfeife und rauchte sie an. Den Blick auf die wuchtig aus der Dämmerung tretenden Felsen gerichtet, begann er von seinem Kommandeur Stschetinin zu erzählen, einem verwegenen Kämpfer, der die zurückweichenden Verbände von General Koltschak* an die Mara gelockt hatte. Durch seine List und die Kugeln der Partisanen waren die Überreste der in die Taiga fliehenden Weißen, die sich in den tiefen Wäldern verdrücken und dort sogar eine eigene Republik hatten gründen wollen, in der unzugänglichen Wildnis des Osnobicha-Passes vernichtet worden.

Geschichte und Rechnen, die Ukraine und Sibirien, ferne Länder und der türkische Sultan – Ilja begann davon schon zu träumen.

* Alexander Wassiljewitsch (1873-1920), weißgardistischer Offizier

Der Osnobicha-Paß

Jesulein trug ungewöhnliches Schuhwerk — sogenannte Bachils, leichte Mokassins mit langen Schäften. Letztere und das Oberteil werden aus einem Stück Leder zugeschnitten, die Sohle wird von innen mit der rauhen Seite nach außen eingenäht. Sie sind schnell und einfach hergestellt und beim Angeln und Fischen sehr bequem zu tragen, denn das gut geteerte Leder läßt kein Wasser durch.

Beim Angeln gerät man ja kaum ins Wasser, nachher trocknen die Bachils und werden erneut geteert. Beim Flößen dagegen ist das etwas anderes. Da muß man manchmal den ganzen Tag im Wasser verbringen und auf den glitschigen Stämmen herumlaufen. Dabei weichen die Bachils auf, werden glibbrig und nehmen keinen Teer mehr an.

Bevor die Regenzeit begann, waren Jesuleins Bachils nahezu unersetzlich. Aber als die Regenfälle einsetzten, glichen sie großen schlüpfrigen Kröten.

Onkel Roman lachte.

»Mit deinen Kähnen solltest du dich in einem Kolchos verdingen und die Heuschrecken auf den Feldern zertreten, würdest 'ne Menge Geld verdienen!«

Der Brigadier Trifon Letjaga ermahnte Jesulein wiederholt:

»Laß den Unsinn, nimm Gummistiefel.«

Jesulein ließ sich nicht überzeugen. Die Gummistiefel hätte er bezahlen müssen, freilich nur die Hälfte des Preises, ebenso wie für die Arbeitskleidung, aber er geizte mit jeder Kopeke. Im Winter flößte er nie, gerbte Leder im stillen Stübchen, nähte Bachils und verkaufte sie den ansässigen Fischern. Jesulein verzichtete auch auf die Segeltuchjacke und arbeitete in einer unzählige Male geflickten und gestopften alten Frauenjoppe.

Onkel Roman zog ihn wegen seiner lächerlichen Knikkerigkeit auf, behauptete, Jesulein würde sich eher umbringen, als etwas auszugeben, und spottete:

»Ich spare schon seit zwanzig Jahren an Kämmen und habe trotzdem nichts auf der hohen Kante.«

Jesulein pflegte verächtlich zu antworten:

»So ein Luftikus kriegt natürlich nie was zusammen! Würde so einem wie dir ganz Rußland geschenkt, er würde es verjubeln!«

»Nanu?« fragte Onkel Roman verblüfft und erkundigte sich mit vielsagendem Grinsen: »Du glaubst sicher, Mütterchen Rußland hat keine besseren Stützen als solche Leute wie dich?«

»Bist du da anderer Meinung?«

Den Osnobicha-Paß bezeichnete man als die verwünschteste Stelle an der ganzen Mara. Unzählige Menschen waren dort ertrunken. Über den Paß erzählte sich die Bevölkerung alle möglichen Märchen und Schauergeschichten, die sich zum Teil mit wahren Begebenheiten vermischten.

Die Fischer beeilten sich, an dieser fischreichen, aber verhexten Stelle vorbeizukommen, und die Jäger schlugen einen Bogen um den Paß.

Der Osnobicha-Paß zieht sich längs der Mara hin, die

Mara strömt an ihm entlang. In bewaldeten Höhen kommt das linke Ufer an die Mara heran und fällt flach zum Wasser ab. Vom linken Ufer kann man bis zur Flußmitte waten, ohne sich den Nabel naß zu machen. Hart vor den rechten Uferfelsen stürzt der Grund ins Bodenlose, das Wasser ist dort so eisig, daß man Krämpfe bekommt. Wenn man sich räuspert, hallt ein laut fortrollendes Echo längs der Felswand hin. Die Berge scheinen jeden Laut von sich abzuwehren, außer einem, den sie weder übertönen noch abweisen können: das Dröhnen der Mara.

Acht Kilometer weit zieht sich diese verwitterte, von Wind und Wetter zerklüftete Granitwand am Strom entlang.

Einst, vor langer Zeit, wütete ein Brand auf dem ganzen Osnobicha-Paß. Bis zum letzten Strauch brannte alles ab. Selbst die Erde in den Klüften und auf den Felsterrassen brannte aus. Jetzt wächst kein einziger Baum mehr auf dem Paß, und schwarzverkohlte Baumleichen ragen mit ihren dürren Ästen kahl und traurig in die Luft. Stellenweise sieht man mausgraue Moosflecke. Wie Schwalbennester hängen von den Felsbändern Pflanzengeflechte herab, die man hier Wildrüben nennt, in Wirklichkeit sind es Zwergkakteen.

In den Schluchten liegen verkohlte und darum unvermoderte Lärchenstämme und Tannen herum. Nur die umgestürzten Birken sind mulmig und zerfallen allmählich. An den Bachläufen leuchten die Blüten der Wildprimel, und auf dem Mulm und in dem in die Klüfte gewehten Staub grünt hier und dort Gras, wachsen kümmerliche Himbeersträucher, ruscheln Weidenröschen im Wind, die ständigen Nachfolger von Waldbränden.

Die Weidenröschen sind schon verblüht. Aus ihren aufgeplatzten schmalen Hülsen segeln helle Flaumflokken zu Boden, die der Wind über die kahlen Felsen trägt und zu Zotteln ballt. In langen Gespinsten hängen die

Zotteln von den Felszinnen herab, verfangen sich in den verkohlten Bäumen und fallen ins Wasser, so daß man meint, der Brand auf dem Osnobicha-Paß sei nicht erloschen und die Schluchten und Spalten qualmten noch.

Aus Qualm und Dunst kriechen Schlangen hervor und liegen in Knäueln auf den warmen Steinen.

An der Strombiegung brodelt das Flüßchen Osnobicha in einer schmalen Granitrinne, müde, mit bösem Zischen. Selbst nach der Einmündung in die Mara schlägt es noch rastlos mit dem schäumenden Schweif. Noch lange strömt die Osnobicha, eine bläuliche Schlange, deutlich erkennbar in der Mara, ehe sie sich in ihr auflöst.

In den Abend- und Morgenstunden oder an heißen sonnigen Tagen, wenn die Klarwasserfische, Äschen und Lachse, von Wasserflöhen geplagt werden, hört man ein unaufhörliches Klatschen, als würden Schreckschüsse abgegeben. Gleich glühenden Schwertern zerschneiden die Schwanzflossen der Lachse die dunkelblau schimmernde Flut der Osnobicha. Die Äschen, von den Flohbissen völlig wild, schnellen in die Luft und lassen sich klatschend aufs Wasser fallen.

Erst in später Nacht verklingt das Klatschen und Plätschern. Und nun hört man deutlich, wie die oben im Felsgestein entspringenden Quellen herabrauschend auf den Steinen zersprühen, wie ungestüm die Osnobicha vorbeibraust und die aufsässige Mara gegen die ihren Lauf behindernden Steinblöcke wütet.

An der Osnobicha wachsen weder Johannisbeer- noch Traubenkirschsträucher. Sie ist ebenso ungastlich und kahl wie die Felsen, denen sie ihren Ursprung verdankt. Diese scheinbar toten Felsen enthalten tief im Innern, in verborgenen Winkeln, offenbar Heilkräfte. An den Quellen entdeckt man nämlich graue und rostrote wulstartige Ablagerungen, die an Birkenschwamm erinnern. Hier nennt man sie Felsbutter. Unter Lebensgefahr klettern die verwegensten Wunderdoktoren an den Schroffen hinauf, kratzen die Felsbutter ab und kurieren damit die Dorfbewohner von allen möglichen Leiden.

Die Mara schlängelte sich zwischen den Steinblöcken hin, die allerorts aus dem Wasser ragten, tat stellenweise sanftmütig, um sich dann, ihres ungestümen Wesens eingedenk, plötzlich wütend gegen die Felsen zu werfen und die Stämme wie Rammböcke gegen die Steine zu schleudern. Die Stämme dröhnten, bildeten Stauungen, verstopften die Felsenrisse und blieben zwischen den Steinen und in den vielen Schnellen stecken. Nur die glattesten und wendigsten bewältigten die ganze acht Kilometer lange Strecke, aber auch sie kamen zerschrammt und zerschunden, fast ohne Borke und mit abgespaltenen Spänen aus der tosenden Hohlgasse.

Die Osnobicha! Gut hat es, wer schnell und ohne sich umzublicken an ihr vorbeiflitzen kann, noch besser, wer einen Bogen um den schlimmen Ort schlägt. Aber die Flößer müssen durch. Am Osnobicha-Paß erwartet sie die schwerste und härteste Arbeit.

Alljährlich schickt man zusätzlich Männer zum Paß, damit sie der Flößerbrigade Hilfe leisten. Allein in dieser Saison waren die Helfer aus irgendeinem Grund nicht da. Trifon Letjagas Miene wurde immer besorgter, allerdings verlor er noch nicht die Hoffnung, daß die Männer eintreffen würden, und sprach seinen Flößern Mut zu. Sie fluchten und wetterten auf die Obrigkeit, auf die Osnobicha und auf alles und jedes, was ihnen in die Quere kam. Jeder wollte so schnell wie möglich von hier weg.

Vom frühen Morgen bis zum späten Abend erschallte ihr eintöniges Hau-ruck-Lied am Osnobicha-Paß. Aber nun schon ohne Scherzreime und Zusätze, die sich den ganzen Tag wie Kettenglieder an das primitive »Hau ruck, noch einmal!« reihten.

Es regnete unaufhörlich. Morgens lag dichter Nebel am Fuß der Felswand, gischtende Schaumfetzen trieben kreisend vorbei. Erst gegen Mittag stiegen die Nebelschwaden an den Schluchten und Rissen zu den Gipfeln hinauf. Aber auch im zähflüssigen Nebel erschallte es:

»Hau ruck, noch einmal!
Hau ruck, noch einma-al!«

Die Stämme rutschten von den Steinen ab, prallten dröhnend zusammen, krachten und donnerten. In ungeordneten Haufen kreisten sie an den Felsschroffen, in den Wirbeln und Strudeln und türmten sich erneut zu hohen Stauungen.

Klippen

Seit drei Tagen lag das Floß reglos an der Stelle, wo der Osnobicha-Paß seinen Anfang nahm. Er stieg jäh in die Höhe, hier sah man weder die üblichen kleineren Felsblöcke noch moosbehangene, mit Sträuchern bestandene niedrige Ausläufer. Der Paß wuchtete in einem Schwung gewaltig empor, wie wolkenstützend, unerschütterlich in seiner Größe, und die ganze Gegend mit ihren Wäldern und grünen Bergsätteln schmiegte sich scheu an seinen Fuß und streckte dem toten schwarzen Gestein zaghaft ihr schmales Grün entgegen.

Die Männer lenkten das Floß dreihundert Meter stromabwärts und vertäuten es am bewaldeten linken Ufer. In der Nacht kam Ilja fast überhaupt nicht zum Schlafen. Mit harzigen Knüppeln heizte er den Ofen in der Trockenkammer und hängte die Sachen der Flößer zum Trocknen auf die Leine.

Die Männer waren schon in aller Frühe zur Arbeit aufgebrochen. Da erst legte Ilja sich schlafen. Als er erwachte, regnete es nicht mehr. Es war windig, der Wind zerfetzte die Nebelschwaden und flocht die Fäden des klebrigen Blütenflaums hinein. Dann löste sich der Nebel, und der Junge erblickte am anderen Ufer einen Bären. Das Tier stand im verkohlten Windbruch zwischen den blühenden Weidenröschen und spähte feindselig auf das Floß.

Archimandrit tollte herum, hob aber plötzlich witternd den Kopf, bemerkte den Bären, wich langsam zurück und stürzte in langen Sätzen wie ein Hase in die Baracke, wo er sich unter den Schlafbänken verkroch. Ilja schlug mit dem Beil klirrend gegen einen Eimer. Der Bär stieß einen ächzenden Laut aus und trottete in einer Felsspalte nach oben, der Windbruch knackte unter seinem schweren Körper. Er kam an einem verkohlten Baumstumpf vorbei, schlug mit der Pranke zu und beobachtete interessiert, wie der morsche Stumpf auseinanderbrechend hinunterkollerte und im Wasser landete. Auf dem Gipfel angelangt, sah sich der Bär noch einmal nach dem Floß um, brüllte drohend und verschwand.

»Sieh an, Zottelpelz, wo du dich herumtreibst!« sagte Ilja und dachte angstvoll: Und wenn er über den Fluß schwimmt und aufs Floß klettert?

Auf alle Fälle prüfte er den Riegel an der Barackentür und fand ihn unzuverlässig. Jetzt bedauerte er, daß die Flößer weit weg arbeiteten. Meter um Meter machten sie den Wasserlauf frei, bewegten sich Meter um Meter zu den Stromschnellen vor.

An den Stromschnellen stauten sich die Stämme, türmten sich übereinander, drängten über die hauerförmigen Uferklippen hinweg, standen teils sogar aufrecht, und der Wind zerrte an ihrer abblätternden feuchten Rinde.

Ilja ging ans Ufer, um Brennholz zu sammeln, und langte gleichsam unabsichtlich bei der Brigade an. Er wartete, bis die Männer eine Zigarettenpause einlegten, setzte sich zu ihnen und erzählte vom Bären.

»Wir haben ihn aufgescheucht«, erklärte Trifon Letjaga, »darum reißt er jetzt Baumstümpfe aus. Er will uns angst machen: Guckt mal, was ich für ein Schlagetot bin, schert euch weg von hier. Du brauchst vor ihm keine

Angst zu haben, mein Junge. Er hat zwar gewaltige Kraft, fürchtet aber die Menschen – sie könnten ihm eins auf den Pelz brennen. Woher soll er wissen, daß wir Flößer nur mit unseren Stangen bewaffnet sind.«

Krächzend band Jesulein die aufgequollenen Bachils über den Knöcheln und unter den Knien mit Riemen fest. Die ganze Nacht hatte sich Ilja mit Jesuleins Bachils abgeplagt, aber sie wurden einfach nicht trocken. Wenn er sie zu nah an den Ofen hängte, runzelte sich das Leder, hängte er sie weiter weg, blieben sie naß. Komisch war der Kerl! Statt sich Gummistiefel zu nehmen, zog er Tag für Tag in nassen Schuhen los.

Nach der Zigarettenpause machten sich die Flößer daran, die Stauung zu beseitigen. Weiter unten brodelte und donnerte die Stromschnelle und hobelte mit ihren Steinen Schaumfetzen vom rasenden Strom.

Dabei war das die erste und bei weitem nicht die größte Stromschnelle. Vorn, an der unteren Landzunge des Osnobicha-Passes, lauerte Rewun, der Heuler, auf die Flößer, die größte und gefährlichste Stromschnelle. Dort staute sich das Holz, dort galt es, eine ungeheuerliche, schier die Kräfte übersteigende Arbeit zu leisten.

Die Männer nahmen die vom Holz gebildete Sperre nicht etwa Stamm für Stamm auseinander, sondern tasteten den Stau lange mit ihren Stangen ab, bis sie schließlich den Stamm fanden, der wie ein Keil das ganze aufgestaute Bollwerk hielt. In diesen Stamm spießten die Männer ihre Stangen und stimmten, im Takt vor- und zurückwippend, an:

»Hau ruck, noch einmal!«

Langsam, Zentimeter um Zentimeter, kroch der Stamm wie ein Splitter aus dem kompakten Körper des Staus hervor. Schon zeigte sich das obere Ende, naß, mit Kieseln bedeckt, der Form nach an einen schmalen Dachskopf erinnernd.

Nun sangen sie noch lauter im Chor: »Pack an! Pack an! Pack an!« Die ganze Stauung kam plötzlich in Bewegung, es gab ein Knistern und Krachen, die Stämme lösten sich und trieben in festen Verbänden stromabwärts, drehten sich, tauchten auf, zerschmetterten die schwächeren Bäume, schleuderten Lärchenbalken beiseite.

Ein Heulen, Knirschen und Dröhnen! Wie Akrobaten sprangen und balancierten die Flößer von Stamm zu Stamm und rannten an Land. Trifon bohrte seine Stange in einen dicken Stamm und schnellte wie ein Zirkusartist ans Ufer.

Er hieß tatsächlich nicht umsonst Letjaga, der Flieger.

Auf seinen langen Beinen raste Derikrup über die Stämme heran.

Schwerfällig trapsten die Brüder, einer hinter dem anderen, ans Ufer. Die Stangen hielten sie waagerecht unterm Arm, wie es Fußgänger bei Eisgang zu tun pflegen. Bricht man ein, verhindert die Flößerstange, daß man unter die Stämme kommt, sie dient für Sekunden als Stütze, und das reicht aus, um sich aus dem Wasser zu retten.

Ruhig und gemessen verließ Bratpfanne die Stämme, er war ein echter Flößer. Die Unterlippe hing ihm nicht mehr herab, sein Mund war zusammengepreßt, die ganze Gestalt straff und elastisch. In diesem konzentriert arbeitenden Mann, der jede Bewegung auswog und berechnete, hätte niemand den trägen, schläfrigen Bratpfanne erkannt.

Auf den Stämmen rutschend, hastete Jesulein heran und wiederholte ein ums andere Mal: »Allmächtiger, hilf mir aus der Not!«

Die Stämme brachen auseinander und schaukelten höchst vergnügt auf den krausen Wellen.

Jesulein wurde abgetrieben. Vorerst beachtete das jedoch keiner. Das war nichts Ungewöhnliches. Das passierte jedem von ihnen täglich Hunderte Male, daß man über die Stämme balancierte und einbrach. Das Flößen ist ein Kampf. Trifon Letjaga rief nur gereizt:

»Die Stange! Nimm die Stange!«

Folgsam schob Jesulein die Stange unter den Arm und sprang auf einen dicken Stamm, eine Lärche. Die Rinde war schon weggeri ssen, und der Splint so glatt, als sei er eingeseift. In dem Moment spielten die Bachils Jesulein einen schlimmen Streich. Auf dem glitschigen Stamm gelandet, hätte er sich gleich mit beiden Füßen abstoßen und auf den nächsten springen müssen, aber die Bachils rutschten, er verlor das Gleichgewicht, warf die Hände in die Luft, ließ die Stange fallen und stürzte auf den Stamm. Lärchenstämme treiben ohnehin fast ganz unter Wasser, unter Jesuleins Gewicht sackte der Stamm noch tiefer ab, begann sich zu drehen und schleuderte ihn kopfüber ins Wasser.

»Hi-ilfe!« brüllte Jesulein, sobald er Luft bekam.

Noch hatte keiner den Vorgang begriffen, noch hatte Jesuleins Schrei nicht die Felsen erreicht, als Trifon Letjaga bereits schnell wie der Blitz zu Hilfe eilte. Er machte Riesensätze, tänzelte und sprang über die wirbelnden Stämme. Schließlich stand er auf einem in der Mitte gespaltenen dicken Fichtenstamm, stakte darauf mit seiner Stange an Jesulein heran, packte ihn am Kragen und zog ihn zu sich herauf.

Aber die Stromschnelle mit ihren Steinen und Klippen war schon in nächster Nähe und bleckte ihre scharfen Hauer, bereit, alles zu zermalmen, was ihr in die Fänge geriet. Kurz entschlossen warf Trifon Jesulein ins Wasser, sprang hinterher, packte den Ertrinkenden und schwamm, nur mit dem rechten Arm kraulend, schnellstens vom Stamm weg. Die rettenden Stämme verwandelten sich in eine tödliche Gefahr. Geriet man mit ihnen in die Stromschnelle, wurde man zerquetscht und in Stücke gerissen.

Die Männer rannten am Ufer entlang, fluchten, fuchtelten mit den Armen, schrien unnütze Ratschläge hinüber. Völlig unerwartet und sinnlos lief Derikrup das Ufer hinab, um dann auf den Stämmen zur Flußmitte zu balancieren.

»Wohin? Wohin denn?« schrien alle wie aus einem Mund.

Mit unwahrscheinlicher Fixigkeit fuhr der sonst so gemächliche Bruder Asari aus Jacke und Stiefeln und raste los, um Derikrup einzuholen. Onkel Roman faßte nach Iljas Hand und rief:

»Ins Boot! Schnell!« Sich ans Herz greifend, trippelte er am Ufer aufs Floß zu.

Der leichtfüßige Ilja überholte ihn, erreichte das Floß, machte das Boot los und sprang hinein. Er sah gerade noch, daß Asari den langbeinigen Derikrup einholte, packte, mit ihm ins Wasser sprang und untertauchte. Die Stämme fegten über sie hinweg, und Asari schleppte den nach Atem ringenden Derikrup, der viel Wasser geschluckt hatte, an Land. Derikrup wußte eben noch nicht, daß Selbstaufopferung allein, wenn sie sich nicht mit Können paart, nichts wert ist.

Trifon und Jesulein waren nicht mehr zu sehen.

»Onkel Trifon! Onkel Tri-ifon!« brüllte Ilja, während er krampfhaft mit dem Ruder arbeitete.

Das Boot wurde ans rechte Ufer abgetrieben, wo die Strömung weit stärker war.

»Onkel Trifon! Onkel Trifon!« gellte seine ängstliche Stimme.

Vorn donnerte die Stromschnelle, die Stämme krachten gegen die Klippen, bäumten sich hoch oder verschwanden im brodelnden Wasser. Ilja steuerte das linke Ufer an, wo die Flößer aufgeregt hin und her rannten.

»Hin, dorthin!« Die Männer wiesen zur Stromschnelle, und der Junge begriff, daß ihm keine Zeit zum Anlegen blieb, jede Sekunde war kostbar.

Also mußte er allein vorwärts.

»Onkel Trifon!« schrie Ilja verzweifelt und erstarrte, als er bemerkte, daß die Baumstämme immer stärker gegen das Boot schlugen und daß das Boot zu den Felsen abgetrieben wurde. Er versuchte die rasenden Stämme vorbeizulassen.

Am Ufer erschallte Gawrilas Posaunenstimme:

»Ilja, Ruhe bewahren! Iljuscha, ruhig!«

Jawohl, er mußte sich beeilen, aber ruhig, ohne Hast, sonst würden ihn die Stämme an die Felsen drängen und das Boot zerschmettern.

»Weiter links! Nach links!«

»Jungchen, paß auf!« Das war Onkel Roman, und an der Stimme des Alten erriet der Junge, daß die Männer nicht nur um Trifon bangten, sondern auch um ihn.

Aber nicht umsonst war Ilja am Strom aufgewachsen. Nicht umsonst hatte er schon mit neun Jahren das Staken gelernt. Nicht umsonst war er etwa zwanzigmal nahe am Ertrinken gewesen und war doch nicht ertrunken. Ilja stieß die Stämme beiseite, lenkte das Boot zwischen den Klippen hindurch und erblickte plötzlich Trifon Letjaga und Jesulein.

»Onkel Trifon, ich komme!« rief Ilja, aber er hörte keine Antwort.

Der Brigadier, das war ein Mann, von dem Derikrup hätte vernünftige Selbstaufopferung lernen können. Trifon hatte Jesulein hinter eine Klippe geschleppt, sich an einen Vorsprung geklammert und hing im Wasser. Jesulein hatte sich in ihn verkrallt.

Trifon Letjaga bat zwischen zusammengepreßten Zähnen: »Würge mich nicht! Würge bloß nicht!«

Die Stämme krachten gegen die ausgewaschene Klippe und schossen zu beiden Seiten an ihnen vorbei. Trifons Segeltuchjacke bauschte sich auf dem Wasser, Haarsträhnen verklebten ihm die Augen.

»Würge doch nicht!« flehte und drohte er schließlich keuchend.

Aus seinen Händen wich die Kraft, er hätte schon längst losgelassen, aber sein linker Fuß hatte auf einem Stein Halt gefunden. Neben sich sah er Jesuleins schreckgeweitete Augen. Völlig irr vor Angst, versuchte Jesulein an Trifon hochzuklettern und stieß ihn dabei immer tiefer unter Wasser. Letjaga blieb nichts anderes übrig, als Jesulein mit der Handkante gegen die Gurgel zu schlagen.

»A-au!« röchelte Jesulein, sein Mund war schon unter Wasser, sein Arm sank schlaff herab.

Trifon packte ihn an den Haaren, zog ihn mit letzter Kraft zu sich heran und klemmte den willenlos baumelnden Kopf des Flößers unter den Arm.

Das kostete ihn die letzten Kräfte. Seine Muskeln erschlafften, ihn schwindelte, die Hand glitt von dem eiskalten Stein ab. Er zerbiß sich die Lippen bis aufs Blut.

Alles versank: der Himmel, die Mara, der grüne Wald.

Es wurde schwarz vor seinen Augen. Die Kräfte verließen ihn.

Plötzlich erklang eine dünne, überschnappende Stimme, in der sich Schmerz und Entsetzten mischten:

»Onkel Trifon!«

Der Brigadier öffnete die Augen: Hinter der Klippe schoß ein Boot auf ihn zu.

»Halte Gleichgewicht!« keuchte Trifon Letjaga, und der Junge verstand, stemmte sich mit seinem ganzen Gewicht gegen die gegenüberliegende Bootswand, während der Brigadier wie ein Fisch zum Boot schnellte, sich mit der einen Hand festhielt und mit der anderen Jesulein heranzog. Ilja sah Trifons verkrampfte, blutende Finger. Eilig steuerte er an den Klippen und Stämmen vorbei. Die Strömung drehte das Boot ab, die Stromschnelle schleuderte es gehässig ans linke Ufer, wo die Flößer hin und her rannten. Nun kamen ihnen die Männer entgegengewatet und zogen das Boot und seine Insassen an Land.

Jesulein ließ Trifon Letjaga immer noch nicht los. Gewaltsam löste der Brigadier Jesuleins Griff, stieß ihn weg und warf sich auf die Steine, sein Atem pfiff und rasselte. Neben ihm lag Jesulein, triefend, elend, zerzaust. Die Männer bemühten sich um ihn. Langsam öffnete Jesulein die trüben Augen, sah sich um, verzog das Gesicht zu einer kläglichen Grimasse und wimmerte:

»Allmächtiger! Da krepiert man, bloß weil man sich sein Stück Brot verdienen muß! Verfluchte Flößerei, verfluchter Fluß, verfluchte Welt und alles miteinander! Herrgott! Sagt mal, sind meine Rippen wenigstens heil? Allmächtiger! Der Hals! Kann den Hals nicht drehen. Ist er verletzt? Gott im Himmel! Heilige Mutter Gottes! So verreckt man noch ohne Abendmahl. Und der Kopf? Was ist mit meinem Schädel?« Er schluckte krampfhaft und krümmte sich.

Trifon Letjaga richtete sich mühsam auf, steckte zwei Finger in den Mund und erbrach einen trüben Strom. Dann schneuzte er sich umständlich und hielt sich mal das eine, mal das andere Nasenloch zu. Anschließend zog der Brigadier wortlos die Stiefel aus. Die Männer schwiegen betreten.

Derikrup lang etwas abseits, ohne die Aufmerksamkeit der anderen auf sich zu lenken. Ein Stamm hatte ihn schmerzhaft verletzt. Gawrila trat zu ihm und fragte nur mit den Augen: Na, wie geht's, du Pechvogel? Derikrup antwortete ebenfalls mit den Augen: Laß nur, geh.

Mitfühlend wiegte Gawrila den Kopf und sagte zu dem völlig ausgepumpten Studenten:

»Du Dummerjan! Stimmt's?«

Gawrila ging zu den anderen zurück. Wortlos wrang Trifon Letjaga seine Hose, die Jacke, die Fußlappen aus, legte sie auf die Steine und streckte sich wieder am Ufer aus.

»Solltest dir die Hände verbinden, Trifon«, meldete sich Onkel Roman schüchtern.

»Was?« Der Brigadier begriff nicht gleich und musterte seine Hände. An den Gelenken hing die Haut in Fetzen herab, die Hände bluteten. Mit seinen kräftigen Zähnen biß er die Haut ab, spuckte sie aus und ließ nur ein einziges Wort verlauten: »Jammerlappen!«

Obwohl er Jesulein nicht ansah, verstand jeder, daß er ihn meinte. Jesulein schluckte ächzend, wischte sich die Tränen aus dem Gesicht, die das erstickende Erbrechen in Strömen hervorrief, und zeterte, nach Luft ringend:

»Du springst also als erster ans Ufer, als erster! Und die anderen dürfen ersaufen, ja ...? Aha ... Wär ich ertrunken, würdest du die Verantwortung tragen ...«

»Schnauze!« Der gewöhnlich zurückhaltende und wortkarge Asari holte nach ihm aus.

Trifon Letjaga knurrte:

»Laß, Asari. Er glaubt an Gott und das liebe Geld, fast schon ein Heiliger« und ergänzte grimmig, indem er auf die Bachils wies, aus denen das Wasser troff: »Wenn ich dich noch mal in diesen Wanzentötern auf der Arbeit sehe, reiße ich dir den Kopf ab!«

»Ich trage sie nie mehr, nie, hol sie der Satan! Sofort«, und Jesulein begann sogleich die Riemen zu lösen.

Von allen unbeachtet, saß Ilja neben Trifon Letjaga. Ihm liefen Tränen übers Gesicht. Er verschmierte sie mit dem Ärmel und bemühte sich, möglichst leise zu schnauben. Weshalb er weinte, hätte er selbst kaum sagen können. Er wollte sich das Weinen verkneifen, aber die Tränen rannen von selbst und hörten nicht auf. Wahrscheinlich, weil ihn erst jetzt der Schreck packte. Seine Gelenke waren ebenfalls abgeschürft, aber er fühlte keinen Schmerz.

Trifon Letjaga sah ihn an und fuhr ihm durchs Haar.

»Na, warum denn weinen? Ach du!«

Ilja schmiegte sich an ihn.

»Hättest doch ertrinken können ... Mutter ist so für immer ertrunken ... Kein Spaß.«

Trifons Hand zitterte plötzlich, er räusperte sich mühsam, schob Ilja sacht zurück und begann ruckweise die Fußlappen um die Füße zu wickeln und die Stiefel anzuziehen. Das getan, stand er auf.

»Genug rumgesessen, die Arbeit wartet! Du«, damit wandte er sich zu Jesulein um, »marsch in die Baracke, bleib noch liegen.«

»Und du selbst?« erkundigte sich Jesulein mit geheuchelter Teilnahme und machte sich schnell fertig, da er sich sagte, daß man ihn nach einem solchen Unglücksfall mit besonderer Rücksicht behandeln und ihm ebenso wie den anderen den vollen Lohn für diesen Tag auszahlen würde.

Der Brigadier zog fröstelnd die Schultern zusammen, atmete mit den bläulich verfärbten Lippen pfeifend die Luft ein und sagte, ohne sich an jemanden zu wenden:

»Haben den ganzen Wodka ausgesoffen! Ein Gläschen würde jetzt bestimmt nicht schaden.« Und ging voran, noch etwas plump, stämmig und sehr aufrecht.

Die Männer folgten ihm. Die Arbeit ging weiter, die nächste Stauung mußte beseitigt werden. Wieder erschallte das Lied über dem Strom, und wieder trieben die Stämme, gegen die Klippen krachend, herumwirbelnd und zusammenprallend, den Strom hinab.

Arbeit, Arbeit und noch einmal Arbeit.

In der Trockenkammer

In der Trockenkammer wölkte Dampf. Es war heiß und schwül. Immer wieder rannte Ilja ins Freie und schwenkte den Hemdsaum, um sich Kühlung zu verschaffen. Der gußeiserne Ofen mit dem löchrigen Rohr bullerte und stieß schwarzen Rauch aus. Von Wand zu Wand reichten in Klammern eingelassene rußige Holzstangen, an denen die regenharten Segeltuchhosen und Jacken der Flößer hingen. Sie trockneten nach und nach und wurden weicher. Rings um den Ofen standen Holzklötze, auf ihnen lagen die Stiefel, die durchgewetzten leinenen Fußlappen pendelten im glühenden Luftstrom.

Es roch nach Teer und fauligem Heu. Heu taten die Flößer statt Einlagen in die Stiefel. Aber am durchdringendsten war Schweißgeruch, den die trocknende Arbeitskleidung ausströmte, Arbeitskleidung riecht immer nach Schweiß.

Ilja kämpfte gegen den Schlaf an, der ihn immerfort übermannte. Er brauchte sich bloß zu setzen und die Hände auf den Knien zu falten, und schon sank ihm der Kopf auf die Brust. Ilja fuhr hoch, rannte an die kalte Luft und tauchte den Kopf ins Wasser.

Er durfte nicht schlafen. Bis morgen früh mußten die

Sachen trocken sein. Der Ofen mußte fortwährend beheizt werden.

Das Holz prasselte, die harzigen Scheite schnoben flammende Zungen durch die Löcher, und da hieß es aufpassen. Würde ein Fußlappen ins Schwelen geraten, würde gleich der ganze, aus harzigen Brettern gezimmerte Bau Feuer fangen. Nein, schlafen durfte er nicht! Die Flößer brauchten ihre Arbeitskleidung.

Schleppenden Schrittes kehrten die Flößer von der Arbeit zurück. In einer langen Kette trotteten sie zum Floß, lehnten ihre Stangen an die Barackenwand und fielen in ihren nassen Sachen auf die Schlafbänke. Ilja bemerkte, daß die Flößer oft die Finger bewegten, um sie gelenkig zu machen. Aber die Finger verkrampften sich immer wieder zur Faust.

Scheu und mitleidig beobachtete Ilja die erschöpften Männer und wagte nicht, sie zum Essen aufzufordern.

Trifon Letjaga legte sich nie hin, offenbar befürchtete er, daß er dann bis zum nächsten Morgen durchschlafen würde. Etwa zehn Minuten saß er auf der Schwelle der Baracke, mit ausgestreckten Beinen und schlaff herabhängenden Armen. Dann sah er mit eingefallenen Augen in die Runde und sagte finster zu seinen Kumpeln:

»Die nasse Kluft ausziehn! Alle waschen sich am Fluß. Dann wird Abendbrot gegessen und ab in die Falle!«

Ächzend, mit knackenden Gelenken erheben sich die Männer. Nur Jesulein tut, als hätte er nichts gehört.

»Du wartest wohl auf 'ne Extraeinladung?«

Jesulein murrt, während er sich von der Schlafbank hochrappelt. »Der typische Feldwebel, dieser Letjaga! Dauernd schindet er einen.« Völlig verbiestert setzt er hinzu: »Plansch doch selber im Fluß! Ich sumpfe schon so den ganzen Tag im Wasser wie ein Bastwisch. Nette Spiele sind das.«

Aber er zieht sich trotzdem aus und spritzt sich zum

Schein etwas Wasser ins Gesicht. Trifon Letjaga, der ihn aus den Augenwinkeln beobachtet, nickt zum Wasser hin.

»Ich schmeiß dich gleich rein.«

Das bringt Jesulein endgültig auf. Ganz außer sich, beginnt er alles und jedes zu verfluchen, wobei er nur die Mutter Gottes verschont, wäscht aber doch den ganzen Oberkörper bis zum Gürtel.

Danach essen die Männer Abendbrot, lahm und lustlos, und gehen zu Bett. Sie schlafen sofort ein, nur Onkel Roman wälzt sich im Schlaf herum.

Mit überflüssiger Behutsamkeit geht Ilja auf den Zehenspitzen durch die Baracke, sammelt die triefenden Kleidungsstücke ein, löscht die Lampe und begibt sich für die ganze Nacht in die Trockenkammer. Das zottige Hündchen folgt ihm auf den Fersen. In der Ecke der Trockenkammer liegt eine Schütte Heu, und Archimandrit rekelt sich genußvoll die ganze Nacht in der Wärme. Ilja ist es ein bißchen gemütlicher, wenn das Hündchen da ist. Immerhin eine lebende Seele.

Fortwährend hängt der Junge die Sachen um, dreht und wendet sie. Zuerst trocknen die Fußlappen, dann die Hosen und Jacken. Er knetet sie durch, damit sie etwas weicher werden, und schichtet sie in der Ecke auf. Bei Tagesanbruch hängen nur noch wenige Hosen und Jacken an den Stangen. Ilja schiebt feuchte Birkenknüppel in den Ofen und setzt sich auf den Brennholzstapel. Jetzt kann er ein wenig schlummern. Allein die ständige Furcht, daß die Arbeitskleidung Feuer fangen könnte, läßt ihn nicht schlafen. Immer wieder springt er auf und sieht sich in der dunklen Kammer um.

Stille. Durch die offene Tür blinkt der Bleiglanz des Wassers. Von den Bergen weht fröstelnde Kühle. Am Himmel türmen sich Wolken, kein Stern schimmert, am Morgen wird es wieder regnen. Unter dem Floß plätschert der Strom. Das Floß schwankt und knarrt. Es schwimmt schon lange und liegt darum tief im Wasser.

Die Rinde ist von den Stämmen weggefault. Auf dem Floß riecht es immer nach Wein. Wegen der Rinde. Ein süßer Geruch. Er kitzelt in der Nase, macht schwindlig und schläfrig.

Ilja möchte den Männern etwas Leckeres kochen. Vielleicht Kissel, rote Beerengrütze? Also Beeren sammeln und Kissel kochen. Aber was ist schon Kissel? Höchstens was für Mitja. Wie mag es ihm dort gehen, dem Dreikäsehoch? Besser einen Lachs fangen und jedem Flößer ein tüchtiges Stück vorsetzen, das wird ihnen Kraft geben. Aber mit der Angel ist da nichts auszurichten. So ein kapitaler Bursche packt dermaßen zu, daß man mitsamt der Angel ins Wasser plumpst. Außerdem schwimmen die Lachse unter dem Flößholz.

Und Flößholz hatte sich an der Osnobicha in großer Menge gestaut. Die Stämme versperrten den ganzen Flußlauf. Ob die Männer das schaffen würden? Sie waren erschöpft. Auch Onkel Trifon. Seine Wangen waren eingefallen, die Nase stach spitz hervor, die Augen lagen tief und waren trübe. Heimlich, damit es keiner merkt, reibt sich Onkel Roman mit einer Salbe das Kreuz ein. Ilja sieht es, aber wird er das jemals verraten? Onkel Roman hat es doch am schwersten.

Es knarrt und knarrt, plätschert und klatscht, dann wieder ein Knistern und Krachen. Die Stämme knarren, das Wasser klatscht, der Ofen knistert und kracht. Gemütlich! Nacht und Wärme.

Ilja fiel der Kopf auf die Brust. Seine Unterlippe sank herab, Speichel rann ihm in einem dünnen Fädchen aufs Kinn. Der Hauswirt des Floßes schlief. War in der Gewißheit eingeschlafen, daß nur er allein in der Brigade ein leichtes Leben führe.

Ilja träumte von zu Hause, träumte von seinem Brüderchen Mitja. Vielleicht schlief Ilja gar nicht, vielleicht war es ein Wachtraum? Gestern kam die Barkasse vorbei, diesmal ohne Lebensmittel, ohne Wodka, und der Film lag in den Blechtrommeln verborgen. Fescha schenkte Ilja Pfefferkuchen. Er druckste lange herum, ehe er sich entschloß, die Frage zu stellen:

»Wie steht's bei uns, wie geht es daheim?«

Fescha sah ihn verblüfft an und legte ihm die Hand auf den Kopf.

»Hast wohl Heimweh, Jungchen, wie?« Und fuhr fort, als wollte sie ihre Frage selbst beantworten: »Wenn's wenigstens ein Heim für dich wäre. Ich war bei deinen Eltern, sie waren gerade beim Plinsenbacken. Waren sehr froh, als ich erzählte, du seist auf dem Floß. Sie glaubten nämlich, du wärst ertrunken, und fürchteten, sie würden deinetwegen Scherereien bekommen. Jetzt sind sie beruhigt. Üble Menschen. Die einzige verwandte Seele, die du dort hast, ist der kleine Mitja. Er ruft noch immer nach dir. Die dagegen«, Fescha winkte verächtlich ab, »ohne die wirst du's besser haben.«

Ilja träumte von dem Haus. Ein ungemütliches, gleichsam fremdes Haus, aber immerhin das Heim. Er träumt von der Stiefmutter. Was weiß schon Fescha von ihr? Ahnt sie denn, wie sie gemeinsam den fürchterlichen Winter überstanden haben, die Stiefmutter und Ilja? Auch in ihr schlummert tief verborgen das Gefühl für Güte, so tief wie unter der Asche verborgene glimmende Kohle im Ofen. Sie zeigt es niemandem. Offenbar geniert sie sich. Vater aber ist ein Waschlappen. Großmutter nannte ihn so, weil er willensschwach ist, sich von einem Weibsbild kommandieren läßt und keinen Grips im Kopf hat.

Ilja träumt von Grütze, süßer Blaubeergrütze, mit der er den kleinen Bruder füttert. Mitja kaspert herum, stößt die Grütze mit der Zunge aus dem Mund. Mit dem Löffel versetzt Ilja dem Schelm einen Klaps. Auf Mitjas Stirn leuchtet ein schwarzer Stern. Ilja und Mitja müssen lachen. Beide amüsieren sich köstlich, aber ihr Gelächter geht sonderbarerweise in ein Bellen über. Nanu?

Ilja schlug die Augen auf.

Durch die offene Tür der Trockenkammer rieselte der Morgen mit seiner fröstelnden Feuchtigkeit. Der Ofen war durchgebrannt. Unter der grauen Asche glomm noch etwas Holzkohle. Archimandrit stand an der Tür und bellte.

»Was hast du denn, Töle?« fragte Ilja. So nannte er den Hund von Anfang an, den klangvollen heiligen Namen, den die Flößer dem Hund gegeben hatten, mochte er nicht. Als Archimandrit Iljas Stimme hörte, kläffte er noch lauter.

In der Ferne klirrten eisenbeschlagene Staken. Eilig verließ Ilja die Kammer. Auf der seichtesten Seite der Mara kamen zwei Männer in einem Boot stromaufwärts heran. Die weißen Staken flogen gleichzeitig in die Luft und fuhren ebenso schnell wieder ins Wasser. Mit tief eintauchendem Bug schnellte der leichte Einbaum vorwärts. Der Ältere, ein bärtiger Mann, der einen Patronengürtel über der wattierten Jacke trug, ließ den Bootsbug aufs Floß auflaufen und begrüßte Ilja mit rollender Baßstimme:

»Grüß Gott, Junge!«

Archimandrit gebärdete sich wie toll. Ilja herrschte ihn an und beantwortete den Gruß.

»Wo ist der Brigadier?« fragte der Schwarzbärtige.

Derweil löste der andere, ein dunkelhaariger Bursche, offenbar der Sohn, die Leine, mit der sie das Boot über das gestaute Flößholz gezogen hatten.

Ilja führte den Mann in die Baracke und zupfte Trifon Letjaga am Bein. Der Brigadier fuhr hoch, fragte schlaftrunken: »Was ist denn?« und rieb sich die Augen. Nachdem er sich an die Dunkelheit gewöhnt hatte, reichte er dem Ankömmling die Hand.

»Grüß dich, Prochor! Willst wohl zum Oberlauf nach Zirbelnüssen?«

»Ja. Und wollen auch ein bißchen jagen«, antwortete Prochor und zog einen Brief hervor, der in ein graues Taschentuch eingeschlagen war. »Hier, vom Leiter des Flößereikontors.«

Trifon griff nach dem Brief, legte ihn neben sich auf die Schlafbank, fuhr dann in die Hose und bat Ilja:

»Brüh mal Tee auf.«

Ilja entfachte ein Feuer unter dem Dreifuß, der auf dem Floß stand. Prochor richtete sich am Tisch ein. Er bediente sich aus Trifons Tabaksbeutel und erkundigte sich:

»Wessen Jungchen ist denn das? Kommt mir irgendwie bekannt vor.«

»Werstakows Sohn.«

»Meinst du Pawel Werstakow?«

»Ja, den.«

»Was ausgefressen, oder hat der Papa den Jungen nun doch unter die Obdachlosen geschickt?« Prochor schüttelte den Kopf. »Das soll einer verstehn: Ein Jäger, der in der ganzen Gegend berühmt ist, fürchtet weder Tod noch Teufel, aber zu Hause . . .«

»Ein schlapper Hund!«

Prochor wollte widersprechen, hielt aber mit der Entgegnung zurück, da der Brigadier sich in den Brief vertiefte.

»Seien Sie mir gegrüßt, Genosse Letjaga, Sie und Ihre ganze Brigade«, schrieb der Leiter des Flößereikontors. »Hoffentlich sind alle wohlauf. Ihre letzte Nachricht aus Obermara habe ich erhalten, kalkuliere, daß Sie sich jetzt dem Osnobicha-Paß nähern. Wahrscheinlich waren Sie nicht nur erstaunt, sondern auch verärgert, keine Hilfsflößer am Paß vorzufinden. Die Sache ist die, daß alle verfügbaren Arbeiter bis zum letzten Mann im Einsatz sind. Sie wissen ja auch, daß die Flüsse in diesem Jahr wenig Hochwasser führen und daß der Regen spät eingesetzt hat. Wir haben mit frühen Herbstfrösten zu rechnen, so daß auf Herbsthochwasser keine Hoffnung bleibt. Das holzverarbeitende Kombinat arbeitet bereits mit Hochdruck, es hat dringende Aufträge von einem im Bau befindlichen Uraler Hüttenwerk. Wir sind sehr in der Klemme und arbeiten nun schon in drei Schichten. Auch nachts, bei elektrischem Licht. Ganz recht, wir haben schon Strom in der Siedlung! Trotzdem beliefern wir das Kombinat noch nicht ausreichend mit Holz. Man hat uns einen Trecker versprochen, damit wir die angeflößten Stämme abschleppen können, aber vorerst müssen wir uns ohne ihn behelfen. Und Arbeitskräfte sind auch nicht da. Ich hoffe, Genosse Letjaga, daß Sie es mit Ihrer Brigade an der Osnobicha schaffen werden. Von den Schwierigkeiten rede ich nicht, aber Not bricht Eisen. Wir haben den Postendienst am Unterlauf verstärkt, so daß Sie es wenigstens dort leichter haben werden.

Bestellen Sie Ihren Kollegen, daß bei ihnen daheim alles in Ordnung ist, die Kinder sind gesund und munter. Prämiengelder für die erfolgreiche Überwindung der Stromschnellen an der Obermara sind für die gesamte Brigade bereits angewiesen. Ich denke, daß Sie auch an der Osnobicha nicht schlappmachen werden.

Ihnen gratuliere ich extra – zur Aufnahme als Kandidat in die Partei! Vor einigen Tagen ist ein Mitarbeiter des Regionalkomitees der Partei aus der Stadt eingetroffen und hat angeordnet, Sie nach Ihrer Rückkehr sofort in die Stadt zu schicken, damit Sie Ihr Parteibuch in Empfang nehmen können. In diesem Jahr wird bei uns eine Abendschule eröffnet, Sie müssen unbedingt lernen. Aber darüber unterhalten wir uns noch. Vorerst beglückwünsche ich Sie noch einmal und verlasse mich nun noch fester auf Sie.

Mit den besten Grüßen an alle
den 20. September 1935«

»Ein Diplomat!« äußerte Trifon Letjaga finster, während sein Blick noch auf der schwungvollen Unterschrift des

Leiters des Flößereikontors ruhte, aber dann hellte sich seine Miene auf, und er schrie fröhlich:

»Alle Mann aufstehn!«

»Was brüllst du eigentlich?« maulte Jesulein in seiner Ecke. »Geht's nicht leiser?« Er erblickte den Ankömmling und gähnte. »Meinen Bückling, Prochor Syrjanowitsch! Wie geht's meinen Lieben?« Ohne die Antwort abzuwarten, klagte er: »Vor zwei Tagen wär ich fast abgesoffen.«

»So was kommt vor«, gab Prochor kurz zurück und rückte beiseite, um Ilja Platz zu machen, der den bullernden Teekessel auf den Tisch stellte. Aus der Tülle des Teekessels sahen einige Johannisbeerzweige. Prochor schnupperte und rieb sich genußvoll die Hände.

Beim Tee erzählte er gemächlich und eingehend die letzten Neuigkeiten. Am Stadtrand war eine Großmühle entstanden, auf der Straße kam man nicht mehr durch. Der Weizen wurde direkt aus den Schleppkähnen mit Druckluft in die Mühle befördert. In der Siedlung war eine Stromleitung gelegt worden, aber die Leute behielten auf alle Fälle die Petroleumlampen. Es liefen Gerüchte um, daß in Deutschland irgendwelche Faschisten oder Verbrecher ihr Unwesen trieben und haufenweise Arbeiter in die Gefängnisse warfen. Der Leiter des Flößereikontors hatte seine Frau in die Stadt gefahren und sie entweder im Krankenhaus oder bei einer Bekannten untergebracht. In der Kantine gab es jetzt schon zwei Gänge zum Mittagessen und manchmal sogar noch Kissel zum Nachtisch. Das Brot wurde jetzt in Kastenform gebacken, Weiber wurden nicht mehr zugelassen, da man ja die Gleichberechtigung hatte. Die Weibsbilder, die von der politischen Situation keinen Dunst hatten, flennten und lamentierten, weil die Persönlichkeit der Frau damit endgültig vernichtet würde.

Nachdem die Gäste Tee getrunken hatten, legten sie mit dem Boot ab und stakten weiter stromabwärts. Der

Brigadier schob Brot und Zucker beiseite und las den Flößern den Brief vor.

Die Männer murrten und schimpften, es wäre nicht übel, wenn der Leiter höchstpersönlich zur Osnobicha käme, er würde bestimmt schon bald nach Luft schnappen. Den letzten Absatz des Briefes hatte Trifon anfänglich unterschlagen wollen, dann überlegte er sich's anders und las ihn nicht ohne Vergnügen vor.

Die Flößer belebten sich und erklärten, daß er aus diesem Anlaß mindestens einen Eimer Wodka spendieren müsse.

»Von Wodka reden wir später, jetzt wollen wir erst mal von der Arbeit reden.«

Die Flößer blieben lange stumm. Der Brigadier drängte nicht, er ließ sie in Ruhe nachdenken. Jesulein meldete sich als erster. Mit der Faust die Rauchschwaden vor seinem Gesicht zerteilend, erklärte er nachdrücklich:

»Also! Uns hier abzurackern, das kommt nicht in Frage. Wir müssen dem Leiter einen Brief schreiben und Unterstützung anfordern.« (Jesulein hoffte insgeheim, daß man ihn mit dem Brief ins Flößereikontor schicken würde, dann könnte er ein paar Tage zu Hause verschnaufen, mittlerweile würden die anderen, so Gott wollte, die Osnobicha bezwungen haben.)

Trifon Letjaga sah die finster dreinblickenden Flößer der Reihe nach an.

»Was sagt ihr dazu?«

»Hast Unsinn geschwatzt, stimmt's?« wandte sich Derikrup an Jesulein.

Jesulein würdigte ihn keiner Antwort.

»Natürlich Unsinn«, pflichtete Bratpfanne bei und ließ sich von Bruder Asari Feuer geben. »Mit dem Brief müßte man fünf Tage über die Berge laufen, und ebenso lange brauchten die Männer aus Ust-Mara, bis sie bei uns sind, und auch nur, wenn man sie im Hafen freistellt. Und woanders kriegt man keine. Der Leiter bittet doch nicht aus Jux, wir sollen uns allein behelfen.«

»Was mach ich mir schon aus deinem Leiter!« brauste Jesulein auf. »Der legt die Hände in den Schoß, und wir müssen uns hier abschinden. Kein Kinderspiel, einen solchen Stau zu beseitigen. Wo die Kraft hernehmen?«

»Wir flößen nicht erst seit gestern«, brummte Asari vom Fenster her. »Haben schon andere Staue geschafft, den werden wir also auch irgendwie zwingen.«

»Aber wie? Wie?« Jesulein sprang Asari förmlich ins Gesicht.

»Das Wie ist schon eine andere Sache«, schaltete sich Trifon Letjaga ein. »Das wollen wir uns ja grade überlegen.«

»Überlege, da du so einen großen Kopf hast«, knurrte Jesulein. »Bist unter die Parteiler gegangen und möchtest dich jetzt am liebsten umbringen vor lauter Eifer.«

Trifon Letjaga erbleichte und erhob sich hinter dem Tisch.

»Nun mach mal halblang, kapiert!« schrie er. »Man hat mich als Kandidat in die Partei aufgenommen, verstanden? Rühr das nicht an, Schmachtfetzen, du!«

Gawrila packte Jesulein wortlos am Kragen, schleifte ihn zur Tür und beförderte ihn mit einem Fußtritt hinaus.

»Beruhige dich, Trifon, mach dich an dem nicht schmutzig«, sagte Onkel Roman.

Der Brigadier setzte sich wieder, nahm Bratpfanne den Stummel aus der Hand und zog gierig den Rauch ein.

»Euch werde ich schon beikommen, und wenn ich nach Moskau appellieren muß!« tobte Jesulein vor der Tür.

»So ein hirnverbranntes Aas!« Onkel Roman schüttelte den Kopf.

Bruder Gawrila öffnete die Tür und warf kurz hin: »Gib Ruhe! Sonst beruhige ich dich!«

Jesulein wurde still.

Ilja räumte die Becher, das Brot, den Zucker ab, wischte die Krümel mit einem Tuch auf und setzte sich abseits an den Ofen. Die Flößer schwiegen. Bratpfanne erhob sich als erster, sah sich nach seiner Mütze um und bemerkte mit alltäglicher Stimme, als ginge es um eine abgemachte Sache:

»Ohne Rinne werden wir kaum was ausrichten können.«

Die Männer erhoben sich erleichtert, redeten noch über dies und das und brachen zur Arbeit auf.

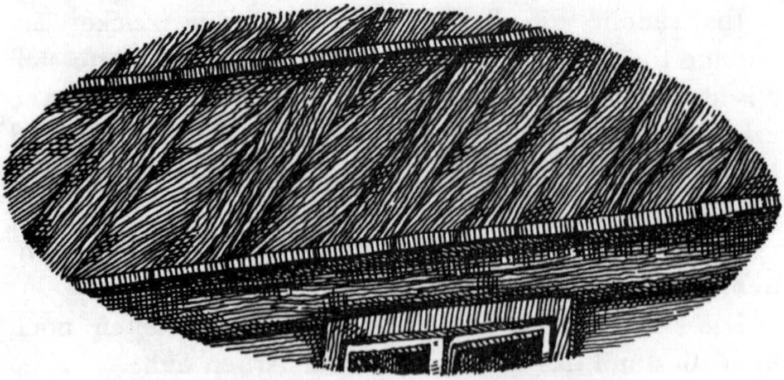

Hinter dem Paß – das Heim

Sie lenkten das Floß bis hart an den Holzstau, und dann begann eine Arbeit, die Ilja völlig unverständlich war. Sonderbarerweise rissen die Flößer keine Stämme aus dem Stau, damit sie stromabwärts trieben, im Gegenteil, sie versenkten Stamm um Stamm, indem sie die Stämme wie Keile in den Stau eintrieben. Der Fluß stemmte sich gegen den Stau, der ihm den Weg verlegte. Das Holz zitterte, knarrte und schrumpfte. Das Wasser stieg, schäumte, schlug gegen die Ufer, schoß heulend zwischen die Stämme. Aber statt der Flut freie Bahn zu geben, wie die Flößer das vordem getan hatten, verkeilten sie die Lücken mit Stangenholz, dämmten den Fluß ab. Das Wasser schwoll, raste und tobte.

Das an einem Felsen vertäute Floß schwankte immer stärker. Die straff gespannte Zinktrosse bebte, die Barakkenwände knarrten, das Wasser unter dem Boden klatschte, auf dem Tisch tanzten die Becher.

Die Flößer jagten auf dem Stau hin und her, er preßte sich unter der andrängenden Flut zusammen, wurde kompakter und höher. Heute übernahm Bratpfanne das Kommando. Er stocherte mit der Flößerstange bald an einer, bald an einer anderen Stelle, und dort wurden

Stämme senkrecht eingetrieben. Mit der Stange in der Hand ging Bratpfanne scheinbar träge auf dem Stau herum, sprang ins Boot und stakte von Ufer zu Ufer. An diesem Tag fluchte er mehr als sonst. Nur daran erkannte Ilja, daß Bratpfanne sich bei der Bewerkstelligung dieses raffiniert ausgetüftelten Flößertricks sehr aufregte.

Gegen Mittag war der Fluß gleichsam aufgezäunt. Rasend warf er sich gegen die Stämme und Felsen und ließ wie ein abgehetztes Pferd Schaumfetzen durch die Luft fliegen. Selbst die langschwänzigen Ufermeisen wagten sich nicht auf die Stämme. Der Heuler, die gewaltige Stromschnelle, der den aufgeschwollenen Stau mit den nach allen Seiten ragenden Stämmen auf dem Rücken trug, wütete donnernd. Das immer stärker anschwellende Heulen war am ganzen Osnobicha-Paß zu hören. Oberhalb des Staus stieg das Wasser immer höher.

Das Floß wurde mit einer zweiten Trosse festgemacht.

Der Boden zitterte sacht. Immer wieder polterte Geröll in prasselnden Lawinen herab und donnerte gegen das Flößholz.

Ilja erriet nun schon, daß die Flößer den Fluß absichtlich aufstauten. Offenbar wollten sie das Flößholz hochschwemmen und von der Stelle reißen, und dann würden die Stämme in einer gewaltigen Woge losbrechen, die anderen Stauungen zerschmettern und mitreißen.

Beim Mittagessen löffelte Bratpfanne ungewöhnlich aufgekratzt seine Suppe, lauschte dabei auf das Brausen des Wassers und schmunzelte vergnügt über das ganze Gesicht.

»Es lärmt schon ganz schön! Der Heuler ist wie toll!« Er wies mit dem Löffel in Richtung des Holzstaus und fuhr fort: »Aus der Rinne wird nichts, Trifon. Die Rinne müßte man in der Mitte des Staus anlegen, damit das Wasser in den Stromstrich abläuft. Dann schießen die Bäume wie Pfeile ins Loch. Aber hier ist eine Grube am rechten Ufer, das ganze Wasser fließt dorthin ab. Uns bleibt nur eins: Wir müssen die Grube ausfüllen, dann steigt das Flößholz hoch.«

Trifon Letjaga und die anderen hörten aufmerksam zu. Der Junge lauschte und staunte. Da hatte er geglaubt, alle Männer auf dem Floß bis ins letzte zu kennen. Weit gefehlt. Nun erwies sich, daß Bratpfanne ein heller Kopf war. Sogar Onkel Trifon stimmte ihm zu und gehorchte.

Zwei Tage lang verstopften die Flößer die Grube am rechten Ufer mit Stämmen. Onkel Roman stürzte dabei und wäre fast ertrunken. Asari erlitt eine schwere Armverletzung. Und doch setzten beide ihre Arbeit fort. In diesen Tagen quengelte und muffelte nicht mal Jesulein. Alle fieberten, allen loderten die Augen. Viel hing davon ab, ob es gelingen würde, das Flößholz mit dem künstlichen Hochwasser aufzuschwemmen.

Es gelang.

In der Dunkelheit gab es plötzlich ein wüstes Krachen, der Stau geriet in Bewegung. Ein gewaltiges Brausen ging durch die Nacht. Der durchbrechende Fluß lärmte noch lauter und böser, der Heuler, der die schwere Last von seinem Rücken warf, brüllte auf. Die Berge erzitterten, immerfort prasselte Geröll ins Wasser. Ein aufgescheuchter Mäusebussard stieß einen unheimlichen Schrei aus und strich blind in die Dunkelheit ab.

»Wum! Wum! Wum!« hallten die Donnerschläge der gegen die Felsen prallenden Stämme durch die Nacht.

Der Stau war gebrochen, das Holz schwamm!

»Hoch sollen wir leben, was sind wir doch für Kerle!« brüllte Derikrup.

»Geschafft!« sagte Bratpfanne halblaut, als sei ihm eine Last von den Schultern genommen.

»Kraft zwingt Gewalt! Die Mutter Gottes hat uns beigestanden«, freute sich Jesulein.

»Dafür lohnt sich's zu leben!« jubelte Onkel Roman und sang:

»Es steht der Wald an Ort und Stelle,
bin immer noch ein Junggeselle.«

Die anderen stimmten ein oder pfiffen mit. Onkel Roman griff sich den glücklich lachenden Ilja, schleppte ihn zum Feuer, und die beiden begannen einen wilden Freudentanz.

»Ein nettes Pärchen, der alte Teufel und das holde Knäblein!« Trifon Letjaga lachte und rannte mit einer Laterne zum Stau.

Die Männer wollten mit, aber er befahl allen zu schlafen.

Der Brigadier blieb die ganze Nacht weg. Erst vor Morgengrauen kam er zurück und sagte kurz:

»Erledigt, Jungs, weiterschlafen!«

Dann humpelte er erschöpft zur Schlafbank, fiel hin und schlief auf der Stelle ein.

Ilja erwachte als erster, verließ die Baracke und warf einen Blick auf den Fluß. Wieder seicht geworden, plätscherte er über die runden Steinbuckel, die sich jetzt hoch aus dem Wasser hoben. Wie lächerlich flach und mit welch aufreizend alberner Geschäftigkeit pladderte er dahin! Gleich gestrandeten Schollen nach dem Eingang leuchteten kleinere Haufen Flößholz am Ufer. Aber das waren Überreste. Der eigentliche Stau trieb schon stromabwärts.

Am Tage säuberten die Flößer die letzte Flußbiegung am Osnobicha-Paß, und wieder erschallte Onkel Romans brüchige, zittrige, aber unverzagte Stimme über dem Wasser:

»Warum freit ich dieses Weib?«

Die Brigade fiel ein:

»Hau ruck, noch einmal!«

Erneut Onkel Romans Stimme:

»Das war nur zum Zeitvertreib.
Hau ruck, noch einmal!
Warum traf ich diese Wahl?
Hau ruck, noch einmal!
Pfui, so hör ich überall.«

Und dann alle im Chor:

»Pfui und pfui, das ist fatal,
Hau ruck, noch einmal!
Diese Ehe ist 'ne Qual!
Hau ruck, noch einmal!«

In dieses endlose, aus dem Stegreif gereimte Lied flochten sich solche gepfefferten Wörter und unflätigen Scherze ein, daß selbst der Abgebrühteste errötet wäre. Spitzflüglige Mauersegler schossen aus ihren Felslöchern, schwirrten wie Insektenschwärme in tanzenden Kreisen und schrien gellend ihre Entrüstung heraus.

Das Floß schwamm immer weiter und ließ Pässe, Stromschnellen und Sandbänke zurück. Es wurde von vielen Stämmen überholt, die von den Stangen der Flößer angekratzt und zerstochen waren.

Lebt wohl, liebe Freunde!

Die Flößer legten viele Meilen zurück, bogen um viele Landzungen, aber in der Ferne sah man immer noch den dunklen Gebirgszug, bald in fahlem Blau, bald hinter Regenschleiern oder als Schattenriß vor der Abendröte.

Dort, jenseits der dunklen Höhen, hinter den gebuckelten Bergen, blieb Iljas vorerst noch kurze Vergangenheit zurück. Vor ihm lag ein anderes Leben. Er stellte es sich einfach vor. Er würde bei den Großeltern wohnen, zur Schule gehen, mit anderen Kindern spielen, weiter nichts.

Aber die Männer in der Brigade, sie verstanden es, einen Blick in die Zukunft zu tun, versuchten wenigstens ungefähr, Iljas Lebensweg vorauszusehen und ihn auf diesen Weg zu leiten. Sie wußten ja, daß die Großeltern keine ewigen Erdenbürger waren.

Trifon Letjaga fragte Ilja bei Gelegenheit, was er einmal werden wolle.

Ohne lange zu überlegen, antwortete der Junge:

»Arbeiter.«

Der Brigadier sah an Ilja vorbei auf die bewaldeten Berge, die sich schon mit dem ersten Gelb bedeckten, und sprach langsam, nach reiflicher Überlegung:

»Arbeiter sein ist auch nicht einfach, da braucht man

Mark und Mumm in den Knochen. Auf uns Arbeiter stützt sich die Welt.« Trifon rauchte die Selbstgedrehte zu Ende, warf sie ins Wasser, und während er dem davontreibenden Stummel nachsah, fuhr er fort: »Aber hast du gesehen, wie wir arbeiten? Mit den gleichen Spießen, mit denen man zu Olims Zeiten die Ritter aus dem Sattel gestochen hat. Dabei tut sich doch was im Land, gewaltige Dinge geschehen, und mit Stangen und Äxten ist da wenig auszurichten. Jetzt brauchen wir studierte Leute, die Maschinen erfinden und uns dadurch die Arbeit erleichtern. Ich will in diesem Jahr auch mit dem Lernen anfangen, um was von der Weltpolitik zu begreifen und die Brigade oder vielleicht ein Revier nach allen Regeln zu leiten. Aber für dich, Ilja, ist die Schule lebensnotwendig. Vielleicht lernst du was und erfindest eine Maschine, die selbst Holz vom Ufer ins Wasser schleppt und Staue beseitigt. Dann können wir alle sagen: Was ist der Ilja für ein Kerl! Der kann mehr als Brot essen. Er hat gesehen, wie wir uns abschuften, bis uns die Gelenke knacken.«

Ilja sah Trifon Letjaga an und freute sich allein schon darüber, daß dieser starke und schlichte Mann mit ihm wie zu seinesgleichen sprach und ihm seine Gedanken anvertraute.

Trifon Letjaga war alles andere als schön. Zu dem breitknochigen Gesicht, der plattgedrückten, gekerbten Nase wollten die aschgrauen Augen eigentlich gar nicht passen. Nur das lange Haar, das Trifon nie kämmte, sondern nur von Zeit zu Zeit beschnitt, stimmte mit dem Gesicht überein. Aber Ilja gefiel alles an dem Brigadier, für den Jungen gab es keinen schöneren Mann auf der Welt. Ihm schien, mit einem solchen Mann an der Seite könne man durch dick und dünn gehen, selbst die Stiefmutter wäre unter seinem Einfluß eine andere geworden, wie eine Kupfermünze an Glanz gewinnt, wenn sie mit Gold in Verbindung tritt. Hoffentlich bekam Onkel Trifon nicht ein solches Reibeisen zur Frau.

Nein, er würde gewiß die schönste aller Frauen heiraten. Eine solche hatte Ilja einmal in der Stadt in einem Geschäft gesehen. Sie hatte Bonbons verkauft – die war durchaus würdig, seine Frau zu werden.

Derikrup war fest entschlossen, an eine Forstschule zu gehen und für immer in Sibirien zu bleiben.

Jesulein schwor, er würde nie wieder flößen, sondern als Zimmermann arbeiten.

Bratpfanne, Asari und Gawrila schwiegen. Es war ohnehin klar: Sie würden Flößer bleiben. Und im Winter gab es bei der Instandsetzung von Pfeilerköpfen und Eisbrechern, beim Bau von Schwimmsperren und Hafenanlagen genug zu tun.

Onkel Roman gab sich eine sorglose Miene und versicherte, er würde eine Gevatterin mit einer Kuh im Stall finden und sich den ganzen Winter über in der behaglichen Wärme auf der Ofenbank aalen.

Die Flößer nickten mit unfrohem Lächeln dazu. Sie wußten nur zu gut, daß der Alte in Wirklichkeit mit frechdachsigem jungem Gesindel in einer Baracke hausen und sich als Nachtwächter bei der Sägemühle anstellen lassen mußte. Schon mehrmals hatte Onkel Roman erwogen, in die Stadt zu ziehen, um in einem Altersheim unterzukommen, aber er verschob es immer auf das nächste Jahr und heuerte jeden Frühling bei einer Flößerbrigade an. Nur ungern nahmen die Brigadeleiter den gebrechlichen Flößer auf.

In den letzten Tagen vor dem Halt in Ust-Mara stimmte Onkel Roman immer häufiger ein und dasselbe Lied an:

»Ja, was sollt der Junge machen,
mußte wohl sein Bündel packen,
sagt dem Meister Lebewohl:
Seid mir, Meister, gar nichts schuldig.
Sagt der Meisterin ade,
wischt sich mit der Faust die Tränen ...«

Mitten im Lied abbrechend, sah er mit nassen Augen auf den Strom. Offenbar dachte er ans Altersheim. Der Gedanke war ihm so unheimlich, daß er unvermittelt zu schneuzen begann. Ein Dasein ohne diese Freiheit, ohne Ströme, ohne Wälder, ohne dieses ungebundene Wanderleben konnte und wollte er sich nicht vorstellen. Er fürchtete, im Altersheim würde ihn solche Sehnsucht pakken, daß er zum Strick greifen und sich aufhängen würde.

Das Lied verstummte. Die Flößerstangen waren zu einem Haufen zusammengelegt, das Floß zum letztenmal vertäut und nicht etwa am ersten besten Baumstamm, sondern an einem fest ins Ufer gerammten Poller. Bald würden sich Männer einstellen, die Baracke und die Trockenkammer abreißen, in der Ilja so manche Nacht verbracht hatte.

Auch das Floß wird man auseinandernehmen. Ein Teil der Stämme kommt in den Hafen, die anderen rollt man als Brennholz weg.

Diese Gedanken stimmen Ilja traurig. Er möchte sich nicht von den Flößern trennen, aber es muß sein. Er hat es jetzt gar nicht mehr weit bis zu den Großeltern. Von Ust-Mara muß er die Straße über den Berg nehmen, in die Schlucht hinabsteigen, wo Opa einst die Fuhre Heu flottgemacht hat, und da ist schon der Anger und dahinter das Dorf Uwaly mit seinen zwei langen Straßen. Ganz hinten wohnen Opa und Oma in einem windschiefen Häuschen.

Ilja wusch die Gummistiefel, trocknete sie ab, zog die Segeltuchjacke und die Hose aus, die ihm bis zur Brust reichte, und hielt dem Brigadier die ganze Habe hin.

»Bitte, die Arbeitskleidung, heil und ganz.«

Trifon Letjaga musterte Iljas Füße. Die Wunden waren verheilt, die Haut schälte sich, zeigte aber noch die weißvernarbten Risse und Kratzer. Das Gesicht des Jungen hatte sich gebräunt und gerundet. Die Sonnenbräune verdeckte fast die Sommersprossen. Seine Schultern waren auseinandergegangen. Unter dem Kattunhemd erriet man die hart gewordenen Muskeln. Der Junge war gewachsen und stark geworden.

Trifon räusperte sich vielsagend, sah in die Runde, als wolle er sich der Unterstützung der anderen vergewissern, und erklärte:

»Bei uns wird die Arbeitskleidung bis zur völligen Abnützung ausgegeben.« Und als er sah, daß der Junge in seiner wachen Art die Unwahrheit heraushörte, ergänzte er fest: »Jawohl, bis zur völligen Abnützung. Du darfst die Sachen behalten. Du hast sie dir verdient.« Er half Ilja rasch wieder in die Kleider. »Hier, zieh die Stiefel an, sie sind zwar ein bißchen groß, aber Großvater wird sie vielleicht gegen kleinere umtauschen können. Dann hast du was, womit du im Herbst in die Schule laufen kannst. Die Jacke und die Hose wird dir die Großmutter passend ändern.«

Willenlos, mit einem verlegenen Lächeln fügte sich Ilja.

»Warte mal«, sagte Trifon Letjaga. »Du mußt noch abgelohnt werden. Hast doch gearbeitet, nicht wahr? Bei uns darf nicht gratis gearbeitet werden, das verbietet das sowjetische Gesetz.« Er überlegte einen Augenblick. »Geh mal und spule die Stricke auf, wir machen inzwischen die Lohnliste fertig.«

Ilja ging hinaus. Trifon Letjaga wandte sich an die Flößer:

»Na, Leute, jeder gibt, soviel er kann. Und du, Derikrup, mach dich an die Arbeit, stell so was wie 'ne Lohnliste auf und laß unsern Flößer unterschreiben. Er läßt sich nichts schenken, das würde er uns verübeln. So zahlen wir ihm eben den ihm zustehenden Lohn aus.«

Bratpfanne legte einen Zehner auf den Tisch. Onkel Roman dreißig Rubel. Trifon Letjaga zückte auch den Beutel. Jesulein rutschte lange unschlüssig auf der Schlafbank hin und her, dann knüpfte er sein zusammengeknotetes Taschentuch mit den Zähnen auf, in das er sein Geld eingebunden hatte, suchte einen abgegriffenen Dreirubelschein heraus und schob ihn auf den Tisch.

»Da hat er was für Bonbons von mir.«

Trifon Letjaga wischte den speckigen Schein mit einer Handbewegung vom Tisch.

»Er ist kein Bettler und braucht keine Almosen.«

Sorgfältig, in Druckschrift, schrieb Ilja seinen Namen hinter die Summe: 84 Rubel, 50 Kopeken. Das Kleingeld hatten sie auf Trifons Rat draufgegeben, damit der Junge keinen Verdacht schöpfte.

Das Geld tat Ilja ins Taschentuch und verstaute es tief in der Hosentasche, doch dann überlegte er sich's anders und versteckte es im Stiefelschaft.

Schon mehrmals hatte sich Ilja vorgestellt, wie er sich von den Flößern verabschieden, wie er sich bei ihnen bedanken würde. Oma pflegte zu sagen, es sei nur recht und billig, sich vor braven Menschen für ein gutes Werk tief zu verneigen. Längst hatte sich der Junge vorgenommen, vor jedem der Flößer einen tiefen Bückling zu machen. Aber nun, da alle auf einmal losredeten und ihm wie einem Großen die Hand schüttelten, ja auf die Schulter schlugen, vermochte er bloß ein ums andere Mal zu wiederholen:

»Danke, liebe Onkels, vielen Dank, liebe Onkels.«

Sie schütteten ihm Graupen in einen leeren Zwiebacksack und steckten ein paar Konservenbüchsen hinein. Als Tragegurte band er Schnüre an den Sack.

Zum letztenmal setzte sich Ilja an den Tisch, wie das jeder anständige Mensch vor einem Abschied zu tun pflegt, und verließ nach einer sehr feierlichen und besonders schwermütigen Minute das Floß für immer. Als er auf dem Steilufer stand, von dem sich Taue und Zinktrossen in dicken Strängen zum Hafen zogen, sah er sich noch einmal um.

Die Beine gespreizt, stand Trifon Letjaga in sicherer

Haltung auf dem Floß und blickte Ilja nach. Neben ihm saß Onkel Roman auf einem Balken und rauchte seine Pfeife. Die übrigen Flößer holten ihre Sachen aus der Baracke, klopften sie aus, bündelten und banden die Flößerstangen zusammen.

Ilja betrachtete den Alten und gedachte seiner Worte, die er ihm zum Abschied gesagt hatte: »Lebe so, wie es das Herz dir eingibt, Iljuscha. Lächle nicht, wenn dir nicht danach zumute ist, und weine auch nie umsonst.«

Er winkte ihnen zu und rief:

»Hab Dank, Onkel Trifon! Hab Dank, Onkel Roman!«

Ilja drehte sich um und ging los. Ihn würgten Tränen, aber er weinte nicht. Flennen soll man nicht. Er war nicht mehr der Lausbub, dem bei der leisesten Kränkung, aber namentlich bei einer Liebkosung Tränen in die Augen stiegen.

Er hatte schon Lohn empfangen, seinen ersten Lohn quittiert. Und jetzt wußte er: Hat man es im Leben schwer, stößt einem ein Unglück zu, so soll man die Menschen nicht meiden, sondern soll sie suchen.

[illegible]

[illegible] erste [illegible] Kunstwerk, mit dem [illegible] Berührung gekommen. Später habe ich dann noch eine ganze Reihe anderer Märchen gelesen und [illegible], die auch besser waren. Ich selbst habe schon früh [illegible] dabei mir allerlei verrück-

[illegible]

Viktor Astafjew: Mein Leben

Ich bin in der Nacht zum 2. Mai 1924 in der Nähe von Krasnojarsk zur Welt gekommen, und zwar im Dorf Owsjanka. Die Einwohner dieses Dorfs haben einen makabren Spitznamen: »Sargträger«. Einer alten bäuerlichen Mär folgend, hatte nämlich einst einer der Dorfbewohner, der noch »im Dunkel der Unwissenheit« lebte, einen Sarg mit einem reichen Toten geraubt und ihn verschwinden lassen. Ja, und nun haben die Vertreter der jungen Generation im Dorf zusammen mit den Neusiedlern Sibiriens den alten Spitznamen voller Berechnung und Egoismus umgeändert in »Sargmacher«; sie wollten ihre »dunkle Vergangenheit« möglichst schnell in Vergessenheit geraten lassen – in unserem Dorf steht nämlich nun eine Holzverarbeitungsfabrik.

Die Mär von den Sargträgern war das erste literarische Kunstwerk, mit dem ich in Berührung gekommen bin. Später habe ich dann noch eine ganze Reihe anderer Märchen gehört und welche, die noch besser waren. Ich selbst hatte schon früh Spaß daran, mir allerlei verrücktes Zeug auszudenken, alles, was mir so in den Sinn kam. Menschen mit Erfindungsgeist haben zu allen Zeiten das gleiche Los: Man hackt auf ihnen herum und macht sie schlecht. Doch ohne sie auszukommen, haben die Menschen aus irgendeinem Grund nie fertiggebracht.

Uralt und ewig ist meine Liebe zur bezaubernden sibirischen Natur: Ich liebe den Wald, den Fluß Jenissej, den hohen Felsen mit dem Namen »Wachender Stier«, der gegenüber unserem Dorf in den Fluß hineinragt. Ich liebe die Erdbeerfelder hinter dem Dorf und die hellklingenden Flüßchen; die Sonne, wenn sie senkrecht über Häusern und Bergen steht; die schon frühlingshafte brüchige Eisdecke auf den Schneebächen, die sich erst am

Vortag gebildet hatten. Ich liebe die ersten Köstlichkeiten der Erde: Blumentriebe auf Erdflecken, wo der Schnee schon weggetaut ist, und die Schneeglöckchen, die an sonnigen Plätzchen in vereinzelten Büscheln aufschimmern. Ihr gelbes Inneres hatte sich über Nacht mit zarten samtigen Blütenblättchen umgeben. Später erfuhr ich dann, wie diese Schneeglöckchen genannt werden, und ich freute mich über den schönen und treffenden Ausdruck: »Traumkraut«.

Ebenfalls noch gut in Erinnerung sind mir die Sommerabende im Dorf: Alles stöhnt vor Hitze, fast bis Mitternacht herrscht ein geschäftiges Treiben. Das Dorf kommt nicht zur Ruhe. Die Kuhpflöcke scheppern, es klappern die Ruder und Stangen, und am Flußufer kreischen unermüdlich die Sägen. Es riecht nach Rauch, abgelagertem Staub und Hühnerfedern. Der Geruch nach frisch gekochten Kartoffeln dringt herüber. Unter der Herdplatte verglüht die Holzkohle. (Die Öfchen stehen natürlich im Hochsommer draußen im Hof.)

Und dann die Tage im Herbst – wie könnte man sie vergessen! Unser Dorf – Häuser, Höfe und Straßen, ja selbst der kleine gemütliche Friedhof – alles war in Gold getaucht, in das Gold der Blätter, die der Wind von den Bergen herabgeweht hatte. Jung und alt schleppten dann prall gefüllte Körbe aus den Kiefernwäldern nach Hause, voll mit Reizkern, tiefroten Preiselbeeren und leuchtenden Ebereschenbeeren.

Allerdings galt auf eine besondere Weise meine heimliche und schüchterne Zuneigung auch den Abenden im Winter. Bei Wind gleißte hinter dem Dorf über den glatten Felsen lange Zeit und unbeweglich das Abendrot. In den Stunden der Dämmerung war dann das Dorf vor Frost erstarrt. Unter unseren Füßen knirschte der Schnee, er barst unter den Pferdehufen. Es krachte in den Holzhütten. Vom steilen Flußufer her pfiff ein grimmiger, eisiger Wind, der ins Gesicht schnitt. Wenn sich ein

Schlittenzug dem Dorf näherte, war das Knirschen der Kufen so laut, daß es schon von weitem zu vernehmen war. Der Schlittenzug hinterließ dann auf dem Pfad, den er sich im tiefen Schnee gebahnt hatte, eine glatte, gläserne Spur, die im fahlen Dunst der Winternacht schimmerte wie ein Spiegel.

Man war während der Fahrt bis auf die Knochen durchgefroren. Was für ein Genuß für den kleinen Jungen, jetzt die vor Kälte starren Wergschuhe abzustreifen, bei denen an der abgewetzten Hacke das Strohfutter herausschaute. Wie herrlich, Mantel und Mütze auszuziehen und wie ein Falke auf den russischen Ofen zu fliegen, der wie immer warm, gemütlich und einladend war. Man ließ sich Zeit beim Abendbrot, man aß gemächlich. Doch um Petroleum zu sparen, löschte man beizeiten das Licht. In der Hütte, die voll bleibender Wärme war, machten hinter fest verriegelten Schlagläden die Fuhrleute Rast. Sie rauchten, räusperten sich und unterhielten sich leise miteinander. Man hörte den Schnee im Schornstein rascheln. Diese Geräusche und die Dunkelheit, die uns umhüllte, verliehen dem Ganzen etwas Geheimnisvolles, das dennoch gewohnt und vertraut war. Die Welt außerhalb der vier Wände erschien angesichts der häuslichen Wärme und Dunkelheit um so kälter und böser. Meine Großmutter hatte die Fuhrleute und die Jäger, die von der Jagd zurück waren, und die Pilger willkommen geheißen. Überall hatten sie sich dichtgedrängt zum Schlafen niedergelassen: auf Holzbrettern, die wie Regale angeordnet waren, auf dem Ofen, auf dem Fußboden und auf den Bänken. Sie banden einen Sack mit Zedernüssen auf und verteilten die Nüsse vor allem an die Kleinen, die ihnen ihre Händchen hinstreckten. Man begann sich zu unterhalten. Beim Nüsseknacken berichteten die Fuhrleute und Taigabewohner, in erster Linie aber die Pilger, von derartigen Schnurren und Grillen, von Graus und Schmaus, daß wir uns geduckt hinters Ofenrohr verkrochen, um dem Jüngsten Gericht, wenn alle vor den Richterstuhl geschleppt werden würden, zu entgehen. Bei all diesen Gedanken schlief man ein, besser gesagt, man fiel in einen abgrundtiefen Schlaf, kaputt vor Müdigkeit und Entsetzen. Manchmal blieb einem sogar noch eine angeknabberte Nuß im Mund stecken.

Außerdem hatte ich Blumen sehr gern. Blumen gibt es in meiner Heimat sehr viele. Es gab mal einen »Sachverständigen«, der nach einem flüchtigen Aufenthalt in Sibirien sich lang und breit darüber ausließ, daß unsere Blumen ohne Duft seien. Und dieses Märchen ging dann von Mund zu Mund. O nein, auch unsere Blumen haben ihren Duft, nur ist ihr Duft von besonderer Art und vielleicht nicht jeder Nase zugänglich. Nehmen wir einmal den Geruch alter Eichen: Es ist ein starker Taigaduft, der aus der Finsternis einer Höhle zu kommen scheint. Steht der Baum jedoch in Blüte, so ist sein Duft schüchtern und zauberhaft in seiner Schüchternheit. Wenn man an solch einer geheimnisvollen Eichenblüte gerochen hat, kommt es einem bestimmt nicht in den Sinn, ein »Ach, wie hübsch!« voll Rührung auszusprechen. Sondern man denkt auf einmal stumm an längst Vergangenes . . .

Ich hatte schon früh meine Mutter verloren – sie war im Frühjahr 1932 im Jenissej ertrunken –, und so schloß ich mich natürlich meiner zweiten treuen Mutter an: der Erde.

1934 heiratete mein Vater eine junge Frau. Anfangs wohnten wir im Dorf Listwennoje, das jetzt vom Krasnojarsker Stausee überflutet ist. Dann übersiedelten wir ins Dorf Sosnowka, das oberhalb des Mana-Flusses liegt, der fünf Werst* von unserem Dorf entfernt in den Jenissej mündet. Im Sommer 1935 machte sich unsere Familie auf, in Igarka, einem in Bau befindlichen Hafen, ihren Lebensunterhalt zu verdienen. Hier erlebte ich zur Genüge, was es heißt, Waise zu sein: Ich verwahrloste, vagabundierte und gelangte schließlich ins Waisenhaus von

* Werst = russ. Längenmaß, entspricht 1,066 km

Igarka. Ich war fünfzehn, als ich versuchte, mir mein Brot zu verdienen, indem ich Holz für die Dampfer vom Stapel ließ. (Sie wurden damals noch mit Brennholz beheizt.) Doch diese Arbeit ging über meine Kräfte, und ich fing an, Fischfang zu betreiben. Drei Kilometer vom Jenissej entfernt, am Makowski-See, baute mir mein Vater ein Floß. Er errichtete darauf einen steinernen Herd. Hier, auf diesem Floß, begann ich nun zu wohnen und zu fischen.

Ewiges Eis. Auf der Erde kann man ohne Matratze nicht schlafen. Außerdem ist es etwas gruselig, so allein am Seeufer, mitten in der Taiga, zu schlafen.

Doch draußen, auf dem See — das ist eine andere Sache!

Die Morgenröte küßt das Abendrot. Und zwischen beide drängen sich Nebel und Stille. Alles Leben fällt in Schlaf, so wie es sich gehört. Bloß am Ufer hört man, wie der Schwarzspecht ununterbrochen ans trockene Holz klopft. Es krächzen die Feldhühner, hin und wieder plätschert ein Hecht im Schilf, und silbrige Fischlein spritzen vor ihm auseinander. Die Rohrdommel schlurft wie ein Mensch durchs Schilf am sumpfigen Ufer, angelt sich währenddessen aus dem Gras kleine Frösche, Käfer und Wurzeln und stopft sich alles mit lässigem Kopfnicken abwärts in den Schlund. Dieser düstere Vogel läßt mit seinem waldschratähnlichen Schrei die Stille erzittern zu dieser lautlosen Stunde. Aus den Sümpfen hinter dem See antwortet ihm heiser ein anderer Vogel.

Ich machte mein Floß immer in der Mitte des Sees fest, damit mich die Mücken in Ruhe ließen. Dann entfachte ich ein Feuerchen und legte mich auf meiner Schlafmatratze schlafen, mit meinem guten alten Halbpelz als Decke. Das Gefühl von Furcht und Einsamkeit war wie weggeblasen, schon in den allerersten Tagen hatte ich es gänzlich überwunden. Der See und mit ihm alles, was zu ihm gehört, hatten mich akzeptiert, und unsere Freundschaft war gegenseitig und voller Vertrauen.

Überm See stiegen dann die Nebel auf, die für kurze Zeit die Sonne verhüllen, wenn sie sich hinter den verkrüppelten Wäldern jenseits des Polarkreises hervorwälzen. Dann tauchen aus dem dichten Dunst die nahe gelegenen kleinen und großen Grasinseln auf. Das Ufer wird sichtbar mit seinem spärlichen Erlengehölz und den kreuz und quer stehenden Tannen und Birken.

Die ersten Besucher an meinem Floß sind sie Enten. Wak-wak quatschen sie daher. Tja, euer Ernährer schläft noch, dieser Faulpelz! Die Enten tauchen unter das Floß, sammeln die Krümel auf, die Fischabfälle und alles, woran man sich in meiner Umgebung laben kann.

Danach erscheinen die Gänse. Sie schlagen mit den Flügeln im Wasser, strecken und recken sich, tauschen ihre Neuigkeiten aus und erzählen, scheint's, einander, was sie in der Nacht geträumt haben. Die Gänse nähern sich meinem Floß und verscheuchen die Enten. Ich richte mich auf und gähne. Die Gänse schauen mich an und schnattern. Am Abend zuvor, wenn mir im Angeln auch kleine Fische an die Leine gegangen waren, hatte ich nämlich dieses Kleinzeug nie weggeworfen, sondern in einem Topf aufbewahrt. So warf ich denn den Gänsen die Fischchen hin und schaute zu, wie sie sich lärmend und schreiend das Futter wegschnappten. Ich mußte jedesmal laut über sie lachen. Dann versuchte ich sie aus der Hand zu füttern, und sie angelten sich die Fischchen aus meinen Fingern.

Um diese Zeit lösten sich die Nebel auf. Die Sonne überflutete den See, der Dunst wich von den Sümpfen. Mückenschwärme stießen zum Ufer in die Stille und Fäulnis. Libellen schwebten überm Schilf, und Eintagsfliegen summten in ganzen Schwärmen. Ratten huschten durchs hohe Gras, und die Schwäne schwammen mit zarten Piepsern von ihrem Grasinselchen weg. In diesem Winkel des Sees waren ihrer zwei. Sie verbargen im Schilf ihre flaumig befiederten Jungen. An mich verschwendeten sie nicht die geringste Aufmerksamkeit. Voll Hoheit und Würde glitten sie übers Wasser, sich leise dabei unterhaltend, und gingen auf Futtersuche. Von mir nahmen sie keine Gabe an.

Ich steckte meine Angel in die Bohlen und betrachtete die Schwäne. Dann ließ ich meinen Blick ringsum schweifen: Da war der See, der an Helligkeit zunahm durch die hellen Wasservögel. Da war das Schilf, und dort waren die Wälder. Die Sträucher wurden schöner und klarer, die Natur erfüllte sich mit Licht, und es war so schön, so jungfräulich still auf der Welt, daß sich in mir der Wunsch regte, diese paradiesischen Vögel zu streicheln, jedes vom Tau benetzte Blatt zu küssen, jede harzige Kiefer und jeden Schmetterling und ihnen dafür zu danken, daß es sie gab und daß ich bei ihnen sein durfte.

Sein Leben sucht sich der Mensch nicht selbst aus. Es wird ihm vom Schicksal bestimmt. Zwar hängt bis zu einem gewissen Grad von ihm ab, wie er sein Leben führt, und er braucht sich nicht einfach so treiben zu lassen.

Wenn es mir vergönnt wäre, ein zweites Mal zu leben, so hätte ich mir genau dasselbe Leben ausgesucht: vollgepackt mit Ereignissen, Freuden, Siegen, Niederlagen, Begeisterungen. Und voll Kummer über Verluste. Dieser Kummer verhilft mir übrigens dazu, die Welt schärfer zu sehen und Güte tiefer zu empfinden. Nur eins würde ich mir von meinem Schicksal erbitten: daß meine Mutter bei mir bliebe. Sie hat mir mein ganzes Leben lang gefehlt. Besonders schmerzlich entbehre ich sie in diesem Augenblick, wo ich durch mein Alter gleichsam den erfahrenen alten Leuten ebenbürtig bin. In meinem Herzen ist kein Aufbegehren mehr, es beginnt jene müde Ruhe, auf die eine Mutter geduldig wartet, in der Hoffnung, sich wenigstens im Alter an ihr Kind anzulehnen.

Zu jener Zeit war Igarka von schöpferischer Unruhe ergriffen. Die Kunde von dieser Stadt, die da im fernen Polargebiet, am Ufer des Jenissej, emporwuchs, umflog die ganze Welt. In den Schulen Igarkas wurden handgefertigte Zeitschriften herausgegeben. In der Zeitung »Bolschewik Sapoljarja«* druckte man Auszüge aus Zeitschriften, und eines Tages wurden vier Zeilen eines meiner Gedichte darin zitiert. Im selben Winter begann ein Wettbewerb für ein Buch mit dem Titel »Wir aus Igarka«. Die Idee zu diesem Buch hatte Maxim Gorki, der Meister der russischen Literatur.

Ich befand mich nicht unter den Autoren dieses Buchs, obwohl ich im selben Jahr in einer handgeschriebenen Schülerzeitung mein erstes Werk veröffentlicht hatte. Viele Jahre später erinnerte ich mich daran und erwähnte es in der Erzählung für Kinder »Wasjutkas See«. Zwischen der Schülerarbeit und der ersten Probe literarischen Schaffens waren natürlich viele Jahre vergangen. Und was für Jahre! Ich hatte die Abendschule für Arbeiter an der Jenissejstation abgeschlossen und arbeitete dann in der Nähe von Krasnojarsk als Zugplaner am Bahnhof von Basaich. Im Herbst 1942 ging ich zur Front, ich kämpfte als Soldat. Im Herbst 1945 wurde ich aus der Armee entlassen. Meine Frau war ebenfalls Soldat gewesen. Wir zogen dann in ihre Heimatstadt Tschusowoj im Ural. Es war damals gar nicht so einfach, sich Arbeit und Wohnung zu verschaffen. Eines Tages geriet ich in eine Sitzung eines Literaturzirkels bei der dortigen Zeitung. Ich kam gerade hinzu, als von einer Kriegserzählung die Rede war. Ein ehemaliger Frontkämpfer hatte sie verfaßt, der anschließend Mitarbeiter dieser Zeitung geworden war. Diese Geschichte hat mir nicht gefallen. In mir regte sich der Wunsch nach Widerspruch gegen die Unwahrheit und Schönfärberei dieser Geschichte. Und so griff ich zur Feder. Ich schrieb: »Erzählung« und in der zweiten Zeile in größeren Buchstaben: »Der Zivilist«. Meinen Freund im Schützengraben konnte ich mir nur so vorstellen: zivil und sehr friedliebend. In dieser Nacht hatte ich

* »Der Bolschewik hinter dem Polarkreis«

sehr viele Seiten niedergeschrieben und gar nicht bemerkt, daß schon der Tag angebrochen war.

Meine Geschichte habe ich dann im Literaturzirkel vorgelesen. Sie gefiel den Teilnehmern. Zuerst wurde sie in der örtlichen Zeitung »Der Arbeiter aus Tschusowoj« gedruckt. Dann machte der Permer Regionalrundfunk ein Hörspiel draus. In der Regionalzeitung »Swesda«* und im Magazin »Prikamje«** wurde sie nachgedruckt, und man schlug mir vor, bei der Zeitung »Arbeiter aus Tschusowoj« zu arbeiten. So wurde aus einem Arbeiter ein Journalist.

Dann begann ein neuer, sehr angespannter und schwieriger Lebensabschnitt für mich: Tagsüber arbeitete ich in der Redaktion und nachts, wenn die Kinder zu Bett waren, an einem klapprigen und schiefen Schreibtisch zu Hause. So schrieb ich in einer kleinen Hütte am Stadtrand meine Erzählungen.

Mein literarisches Glück blieb mir hold. Einige Freunde nennen mich »von der Literatur verhätschelt«, denn schon nach der ersten Erzählung hatte man Vertrauen in meine Fähigkeiten und gab mir »frisch von der Tinte weg«, wie man unter Literaten so schön sagt, einen Verlagsvertrag. 1953 kam im Ural mein erstes Buch heraus, und zwar in Perm. Es handelte sich um einen Sammelband von Erzählungen mit dem Titel »Do buduschtschej wesny« (Bis zum nächsten Frühling).

Ja, und damit, mit diesem ziemlich schwachen Büchlein, begann 1953 mein Leben als Schriftsteller.

1959 belegte ich Literaturkurse für Fortgeschrittene am Moskauer Gorki-Institut für Literatur. 1961 beendete ich das Studium. Jetzt bin ich schon dreißig Jahre mit der Literatur beschäftigt und habe eine nicht geringe Anzahl von Erzählungen und Kurzromanen geschrieben. Der Kurzroman »Perewal« (Gebirgspaß) war übrigens mein

* »Stern«
** »An der Kama«

erstes Werk von »gewichtigem« Umfang. Viele meiner Bücher sind im Ausland erschienen. 1975 wurde mir für den Kurzroman »Perewal«, für »Krasha« (Diebstahl), »Poslednyj poklon« (der letzte Gruß) und »Pastuch i pastuschka« (Schäfer und Schäferin) (mein Lieblingsbuch) der Staatliche Gorki-Preis verliehen.

Ich habe drei erwachsene Kinder, ich bin zweifacher Großvater. Nach wie vor arbeite ich gern und viel. In der jüngsten Zeit habe ich mein umfangreichstes Buch vollendet »Zar-ryba« (Zar-Fisch). Ich habe den zweiten Band des Kurzromans »Poslednyj poklon« abgeschlossen und mein erstes Theaterstück geschrieben: »Tscherjomucha« (Der Faulbeerbaum), das in Moskau und in einer Reihe von Provinztheatern gespielt wird. Bei der Verfilmung des Kurzromans »Perewal« habe ich ebenfalls mitgewirkt.

Noch immer habe ich tausend Einfälle im Kopf, weitaus mehr als Zeit, über die ich verfügen könnte. Ich hätte Lust, über den Krieg zu schreiben und darüber, daß er sich niemals wiederholen soll. Ich selbst wurde an der Front dreimal verwundet. Am eigenen Leib habe ich erfahren, was es heißt, zu leiden. Ich habe ein Recht darauf, gegen Mord und Blutvergießen zu Felde zu ziehen, weil die Bestimmung des menschlichen Lebens, so wie ich sie verstehe, darin ihren Sinn hat, auf der Erde Gutes zu tun, Verständnis für das Gute zu lehren, dem Menschen zu helfen, sich zu vervollkommnen. Ihm zu helfen, ein Bewußtsein dafür zu erlangen, daß die Selbstzerstörung und die Vernichtung allen Lebens auf der Erde ein Verbrechen ist. Das ist die wahre und höchste Offenbarung des Humanismus. Ein Schriftsteller, der kein Scharlatan ist, dessen Berufung die Literatur ist, kann nicht anders als ein Humanist sein, wo auch immer er lebt, in welcher Sprache auch immer er schreibt.

Aus dem Russischen von Hildburg Heider